# 初心之光点亮育人之路

## ——高校辅导员工作案例

主编　许翠梅



中国矿业大学出版社
·徐州·

## 内容提要

为贯彻落实习近平新时代中国特色社会主义思想、党的十九大精神和全国高校思想政治工作会议精神，聚焦立德树人根本任务，践行全员育人、全过程育人、全方位育人，本书从当前学生工作中遇到的普遍问题、突出难题和热点话题出发，收集了新形势下大学生思想政治教育、学风建设、学生就业与职业指导、困难生资助、校园文化建设、社会实践、网络教育、心理健康教育、党团组织建设、学生突发事件处理及学生管理与服务育人等方面的成功个案，汇编成集，凸显以学生为本的教育本质，紧扣时代脉搏，突出新时代社会主义核心价值引领，对高校思想政治工作具有借鉴意义和推广价值。

**图书在版编目(CIP)数据**

初心之光点亮育人之路：高校辅导员工作案例 / 许翠梅主编. —徐州：中国矿业大学出版社，2019.12

ISBN 978-7-5646-4631-8

Ⅰ. ①初… Ⅱ. ①许… Ⅲ. ①高等学校—思想政治教育—案例—汇编—中国②高等学校—辅导员—工作—案例—汇编—中国 Ⅳ. ①G641②G645.1

中国版本图书馆 CIP 数据核字(2019)第 297989 号

**书　　名**　初心之光点亮育人之路——高校辅导员工作案例
**主　　编**　许翠梅
**责任编辑**　齐　畅
**出版发行**　中国矿业大学出版社有限责任公司
　　　　　　(江苏省徐州市解放南路　邮编 221008)
**营销热线**　(0516)83884103　83885105
**出版服务**　(0516)83995789　83884920
**网　　址**　http://www.cumtp.com　**E-mail**:cumtpvip@cumtp.com
**印　　刷**　苏州市古得堡数码印刷有限公司
**开　　本**　787 mm×1092 mm　1/16　**印张** 14.5　**字数** 371 千字
**版次印次**　2019 年 12 月第 1 版　2019 年 12 月第 1 次印刷
**定　　价**　58.00 元

# 前　言

2017年9月，新修订的《普通高等学校辅导员队伍建设规定》（教育部令第43号）颁发，在高度肯定辅导员的作用和价值的同时，更加规范了辅导员的角色定位和成长路径，让这支充满活力和战斗力的队伍在高校大学生思想政治教育的宽阔天地间大有可为、大显身手。

作为大学生思想政治教育的中流砥柱，作为学生成长成才的人生导师和健康生活的知心朋友，辅导员承担着传播知识、传播思想、传播真理的历史使命，肩负着塑造灵魂、塑造生命、塑造新人的时代重任。铸造一支怎样的育人队伍，决定培养出什么样的人才。围绕立德树人根本任务，聚焦学生培养，近年来南京工业大学全体学生工作者，以饱满的姿态、高度的自信、开放的视野和实干的精神，贯彻落实习近平新时代中国特色社会主义思想、党的十九大精神和全国高校思想政治工作会议精神。依托江苏省高校辅导员培训与研修中心（南京工业大学）平台，打造南京工业大学学生发展研究中心，实施辅导员培育、激励计划——“彩虹计划”，学校思想政治教育研究工作结出丰硕成果，“江苏省高校辅导员年度人物”殊荣斩获、全国高校辅导员职业能力竞赛捷报频传，教育部、省级哲学社会科学项目和辅导员专项课题申报、学术专著出版成绩喜人。

“展示、引导、交流”，我们深感唯有从当前学生工作中遇到的普遍问题、突出难题和热点话题出发，深入挖掘和宣传大学生思想政治教育与管理中的育人典型，充分发挥其示范引领作用，强力推进学工队伍开展教育理论研究与工作实践创新探索，方能在全校营造促进大学生健康成长的良好环境，方能促进辅导员理论素养及科学化工作水平的整体提升。在这样的初心下，我们立足学生工作“精细化、规范化、个性化”要求，收集了新形势下高校大学生思想政治教育、学风建设、学生就业与职业指导、困难生资助、校园文化建设、社会实践、网络教育、心理健康教育、党团组织建设、学生突发事件处理及学生管理与服务育人等方面的典型个案，编写此案例集。

本书具有以下三个主要特点：

第一，坚持问题导向。从学生成长成才普遍问题与实际需求出发，坚持育人为本、德育为先、能力为重，把解决大学生日常思想政治教育与理论实践创新研究相结合，践行全员育人、全过程育人、全方位育人道路。

第二，坚持真实鲜活。书中案例均出自辅导员老师亲身经历，真实可信，是日常教育工作的智慧结晶与优秀成果。案例针对大学生关注的热点、难点、焦点问题开展释疑解惑和深度辅导，主题突出，观点正确，措施具体，分析深刻，提供的解决思路与实施方法科学鲜明。

第三，富有推广价值。案例采取一案一议的方式，具有针对性、操作性和实效性。尤其是案例中的经验与启示及专家点评，在注重实效性的基础上，更强调时代性和前瞻性，不仅从教育观念上指明回归以学生为本的教育本质，更紧扣时代脉搏，突出新时代社会主义核心价值引领。

希望本书的出版，能够唤起广大思想政治教育工作者满满的正能量，从日常工作的点滴入手，争做“学习者、践行者、传播者”，交融理论与实践，以习近平新时代中国特色社会主义思想武装头脑、指导行动；创新工作方法，紧跟学生需求，把思想政治教育融入每个细节，因事而化、因时而进、因势而新，努力培养担当民族复兴大任的时代新人，培养德智体美劳全面发展的社会主义建设者和接班人。

本书的编写得到南京工业大学党委副书记崔益虎教授的指导和帮助，深深感谢！同时，感谢学校党委学生工作部给予的指导，以及全体学生工作者的支持，感谢案例撰写者将这些鲜活的工作成果分享给读者，感谢严励老师对案例进行初选与整理，感谢眭国荣、熊中宏、潘运军、刘海存、张晓文等老师对本书初稿进行修改和文字润色，感谢周辉、刘运玺、徐元龙、丁贤、刘全振、汪俞辰、陈玥等老师撰写各篇章的导言，感谢吴楼平老师对书稿提出深入的修改意见。最后，感谢中国矿业大学出版社齐畅老师、周奕如老师在图书出版、封面设计等方面给予编者的帮助。谢谢你们！

**编　者**

2019年11月

# 目　录



## 思想引领篇



## 学风建设篇

## 教育管理篇



## 突发事件篇

## 资助育人篇



## 就业指导篇

## 心理健康篇

# 思想引领篇

# 牢记时代使命,矢志不渝价值引领

党的十八大以来,习近平总书记高度重视高校思想政治教育工作,对大学生思想政治教育发表了系列重要讲话,做出了系列重要论述,深刻回答了培养什么人、怎样培养人、为谁培养人的重大理论和现实问题。习总书记在全国高校思想政治工作会议上指出,高校立身之本在于立德树人;思想政治工作从根本上说是做人的工作,必须围绕学生、关照学生、服务学生,不断提高学生思想水平、政治觉悟、道德品质、文化素养,让学生成为德才兼备、全面发展的人才。党的十九大报告进一步明确,要全面贯彻党的教育方针,落实立德树人根本任务,发展素质教育,推进教育公平,培养德智体美全面发展的社会主义建设者和接班人。这些重要讲话和论述为新形势下高校加强大学生思想政治教育指明了前进的方向,提出了战略的定位,提供了基本的遵循。

面对新时代、新思想、新目标、新征程,南京工业大学以习近平新时代中国特色社会主义思想为统领,以全面贯彻落实党的十九大精神为指引,紧紧围绕立德树人的根本任务,把思想政治教育摆在各项工作的首要位置,不断加强大学生的思想政治引领,并取得了显著成效,涌现出众多大学生思想政治教育方面的典型案例。本篇选取的15个案例具有代表性,可供每一位思想政治教育工作者借鉴、学习。概而言之,近年来,学校的主要措施如下:

一、加强思想理论武装。坚持以培育和弘扬社会主义核心价值观为引领,以学生成长成才服务体系为指引,以培养中国特色社会主义事业合格建设者和可靠接班人为根本任务,积极组织开展"贯彻落实十九大精神系列教育活动""定班规树班风""首届班长论坛""周恩来班创建"等各类主题教育活动,形成了以理论学习、专题教育、党员骨干引领为途径的多层次大学生思想政治教育体系,有效引导大学生积极树立正确的世界观、人生观与价值观。

二、创新思想政治教育方法。每学期对在校学生做一次学情调查,摸清学生的思想状况,以有针对性地、点对点式地开展具体教育工作;尊重学生主体地位,重视学生的主观愿望和参与感、收获感,积极开展各种体现专业特色、学生喜闻乐见、效果显著的主题教育活动;创新思想政治教育的方法形式,抓住学生入学、毕业等关键节点,在潜移默化、润物无声中感染学生、影响学生、转化学生;丰富思想政治教育的内涵载体,以思想政治课堂为平台,以2017年十大年度人物为楷模,开展"青春榜样进课堂"活动,推动党的十九大精神进教材、进课堂、进头脑,开办更具说服力、亲和力和感染力的思想政治课,增强思想政治教育工作的实效性。

三、发挥典型引领作用。突显学生主体地位,积极发挥学生自我服务、自我管理、自我教育的作用。开展“大家关注身边人，聚焦平凡人”专题活动，挖掘普通学生群体中的典型人物和先进事迹，以身边的榜样感染、带动更多同学传递青春正能量，形成“学有榜样、赶有目标、超有动力”的校园文化氛围；以社会主义核心价值观三个层面的基本内容和“勤学、修德、明辨、笃实”四个方面的基本要求为评选标准，开展大学生年度人物评选与展示活动；组建“青春榜样”宣讲团，以宣讲、访谈、互动交流等多元化形式为低年级本科生开展“榜样力量报告会”“青春榜样进课堂”等主题教育活动。通过典型人物的挖掘、亲身故事的讲述，扩大榜样育人的教育功效和辐射面积，释放大学生年度人物等各类典型人物的正面引导能量，用学生身边鲜活生动的实例感召和激发广大学生。

总之，加强和改进大学生思想政治教育工作，是习近平总书记治国理政新理念新思想新战略的重要思想，也是办好中国特色社会主义大学的根本保证。奋斗在高校教育工作第一线的每一位思想政治教育工作者都要始终牢牢把握思想引领的主线，落实好立德树人的根本任务，以更加担当的意识、更加进取的精神、更加有力的举措、更加务实的作风、更加优异的成绩，奋力谱写学生思想政治教育工作的崭新篇章！

# 用爱心和耐心唤醒沉迷网络的他

吴雨婷[①]

## 案例分析

小张，男，某学院大二学生。性格内向，待人有礼貌。期末考试期间，班长向辅导员报告小张的情况，小张已有两门考试不及格，并且每晚都玩网络游戏直至深夜，不仅影响自己的学习成绩，同时影响到其他同学的休息和复习。辅导员知道后，深感这个问题的严重性，在期末考试前这个关键时刻，如果小张持续下去，将很可能面临学业警示甚至退学的严重后果。

## 案例定性分析

此案例反映了对网络游戏成瘾的学生的教育和管理问题。

## 问题关键点

1. 如何帮助小张戒除网瘾？
2. 如何帮助小张重拾学习信心？

## 解决思路和实施方法

1. 寻求心理援助。了解到小张对网络游戏已经产生了心理依赖，辅导员多次和校心理健康教育指导中心老师联系，陪他一起去找专业老师咨询，给予心理上的援助。心理老师对小张在重新自我定位、区分虚拟世界和现实世界、人际交往、为人处世、培养积极健康的学习和生活态度等方面进行指导。

2. 耐心和爱心感化。做学生的思想工作需要的就是耐心和爱心。为了唤醒沉迷网络游戏的小张同学，辅导员特意为他制定了一个长达一个学期的谈话时间表。小张同学来到辅导员办公室后感到很内疚，不敢和辅导员对视交流。经了解，小张同学出生在教师家庭，爸妈都是老师，从小到大对他要求非常严格。上大学后，没有了父母的约束，小张失去了方向感，学习压力大、成绩不理想，他一再受挫后对学习失去了信心，在虚拟的网络世界里寻找存在感。辅导员帮助他制定了短期和长期的学习目标，短期目标是本学期实现零挂科，长期目标是一定要拿到奖学金。他听完辅导员的话后，攥紧了拳头，答应辅导员回去后好好上课，一定把落下的课程补上来。

3. 发挥父母威信。父母在孩子心目中有着不可替代的地位，辅导员及时和他家里联系，邀请其父母来学校面谈。知道孩子的情况后，父母和他进行了长谈，辅导员建议父母每

---

① 吴雨婷，女，南京工业大学电气工程与控制科学学院辅导员。

周至少和孩子通话 2～3 次，每天发一条短信，让他体会到身边的人都在关心他。

4. 同学积极协助。辅导员深知人际关系对一个人有着很大的影响，于是让室友和班委组成互助小组，在学习和生活上帮助他规划时间、鼓励他参加集体活动等，并定期向辅导员反馈。

经过一学期的努力，小张同学的学习状态越来越好，通过重修将之前所欠学分都补了回来，并且主动将电脑交给家长保管，决定在下学期不再玩电脑游戏了。

## 经验启示

1. 用耐心、爱心、恒心帮助学生树立信心。学生是需要关心呵护和激发信心的，有些学生因为种种原因，内心比较脆弱，需要“存在感”。老师要及时发现问题，耐心引导他们直视问题，帮助他们及时解决问题；要有爱心和包容之心，不能将犯错误的学生全盘否定，要相信他们有改过自新的愿望和能力；要有恒心，持之以恒地帮助他们渡过难关。

2. 辅导员不是万能的，要学会寻求更加专业的指导，比如此案例中，辅导员及时寻求心理老师的帮助。这也提醒我们，要不停地学习和实践，尽可能多地吸取不同领域的知识，在指导学生时会更加有底气。

## 专家点评

大学生沉迷网络的现象屡见不鲜，唤醒他们的学习意识、增强他们的学习能力是一项长期、艰巨的工作。个别同学缺乏家长管束，对学习、生活缺乏明确的目标，如不能加以正确引导而任其自由发展，将会导致大学生心理障碍甚至人格扭曲。本案例中，辅导员针对学生沉迷网络导致学习成绩下降的问题，正确分析原因，对症下药，从心理疏导、联系家长到班级同学互助，帮助学生制定科学的长、短期学习目标，不失为一个优秀的案例。

——季宜敬（南京工业大学电气工程与控制科学学院党委副书记）

# 用理解和关爱，点亮学生前行之路

金芯茹[①]

## 案例简介

小周，男，某学院大二学生。小周因服从调剂被工科专业录取。因对专业没有兴趣，小周学习很不上心，但是对音乐非常痴迷。他课余参加各种音乐节、唱歌比赛，自己联系专业老师进行训练。小周大一时学习成绩中等，大二开始出现频繁旷课现象，到大二下学期，直接申请了降级，并受到一次学业警示。同时，小周与室友关系也有些紧张，室友沉迷游戏，影响他作息，导致他身心俱疲，更加不能专注于学习。学习的难度、身体健康的隐忧、人际关系的紧张等都让他想逃离现实，逐渐出现失眠、食欲下降等症状，并且更加沉迷于课余活动，不想学习。

## 案例定性分析

此案例反映的是学生因对本专业不感兴趣而沉迷课外活动导致学业出现问题，又因学业问题、人际关系紧张导致心理状态出现危机。

## 问题关键点

1. 如何帮助小周缓解情绪紧张，消除心理情绪的危机，正视现实？
2. 如何引导小周树立人生目标，并制订适合自身的计划？

## 解决思路和实施办法

1. 主动约谈，了解情况，建立信任，明确目标。在发现小周屡次旷课之后，辅导员主动联系他进行沟通。首先，在沟通之前，了解小周的家庭背景，进行前后学习情况的比较，向同学询问该生的近况。然后，在谈话中适当运用谈话技巧，主动倾听，引导小周主动表达、告知自己内心真实的想法，掌握小周的基本态度。同时，表达老师对他的担忧，对他内心的疑惑和痛苦表示理解，以建立信任感。最重要的是，要通过沟通，帮助小周分清主次，认识到课程的重要性，明确其在大学里的目标，摆正态度，并引导其做科学的规划。

2. 联系家长，家校合作。在了解学生的真实情况之后，辅导员要与家长取得联系，告诉他们学生的在校情况。一方面，辅导员从家长那里获取了更多的信息，比如家庭背景、学生的性格等，有助于加深对小周的了解；另一方面，辅导员告知家长，孩子在学校出现学业危机，请求家长进行督促和开导，父母的开解有时候比老师更加有效。

---

① 金芯茹，女，南京工业大学化学与分子工程学院辅导员。

3. 长期跟踪，定期交流，逐步提升。思想政治教育工作不是短期的，而是一项长期的工程，需要发挥耐心、责任心去做持续性的教育工作。让学生从学业危机中走出不是一件容易的事情，需要后期不断地引导、鼓励和督促。

## 经验与启示

1. 目标管理非常重要，要引导学生认清目标，并为之努力。对于并不热爱本专业的学生，一定要引导他们树立科学合理的目标，即使将来不从事本专业的工作，也要尽学生基本职责，完成学业，顺利毕业，要让学生认识到这是完成其他目标的前提，使他们以自身的目标为动力，鼓起学习的热情。

2. 作为一名辅导员，要用爱心、耐心和诚心与学生相处，努力成为学生的知心朋友。要尊重学生，平等对话，并给予他们帮助和更多的参与机会，让他们感受到辅导员是在帮他们，从而对辅导员产生信任感，这是思想教育发挥效用的前提。

3. 要建立全面的信息渠道网络，及时了解学生动态。充分利用班委、党员等学生干部来建构辅导员信息渠道网络，多方面了解学生的具体情况，为后期思想教育、沟通交流做好准备。同时，信息网络的构建也能使辅导员高效率地保持对学生整体情况的监督，利于做好许多预防工作。

## 专家点评

大学生目标不明确，自身兴趣与所学专业不匹配，这样的现象是较为普遍的。高考志愿大多数都不是学生自己深思熟虑后的选择，到大学后发现所学专业与自己的优势和兴趣匹配度不高，从而导致学习态度消极，成绩落后。本案例中，辅导员针对学生成绩下降、频繁旷课的情况，正确分析该生出现学业危机的原因，运用各种思想工作方法，对症下药，同时，借助多方的力量，引导学生明确自己的目标，并制定科学的人生规划，不失为一个优秀的案例。

——弋鹏（南京工业大学化学与分子工程学院党委副书记）

# 诚信考试，树立正确价值观

吕梦醒[①]

## 案例简介

小林，男，某学院大一学生。刚进入大学时，小林学习刻苦认真，各项考试都顺利通过，当年12月通过英语四级考试。到了大一下半学期，小林感觉已经适应了大学生活，对待学习逐渐松懈。他虽然随着班级同学一起报名参加英语六级考试，却没有好好复习，在考前几天学院组织的六级模拟考试中，小林抱着侥幸心理使用手机作弊，最终被班主任助理发现，通报辅导员。

## 案例定性分析

此案例反映的是学生抱侥幸心理对待考试作弊等问题。

## 问题关键点

1. 如何帮助小林正确认识错误，养成良好的诚信道德品质？
2. 如何引导小林树立正确的价值观，回归正确的成长轨道？

## 解决思路和实施办法

1. 主动约谈，敏锐观察，引导认识。听闻小林模拟考试作弊的事情后，辅导员第一时间约小林到办公室谈话。谈话过程中，辅导员首先与他进行深入交流，了解其近阶段的学习和生活，细心察觉小林陈述时语气、面色以及神态所发生的一系列变化，及时进行适当的正面安抚，使其感受到辅导员对他的殷切关心。其次，辅导员认真倾听小林在此次模拟考试中作弊的原因和动机，在聆听期间通过不时地微笑、点头示意等方式传递老师对他陈述的尊重，缓解小林因为考试作弊而担心被责骂的害怕情绪，让小林感觉到老师的诚心和对自己学业的关怀，从而使他能够对老师敞开心扉，确立基本的信任关系。最后，辅导员使其明确校规校纪对于作弊的相应处分，特别是在正式考试中利用通信工具进行作弊的最终结果是直接开除学籍；在国家大型考试中，考试作弊已入刑法，最高可判处有期徒刑7年，并引导其对此次考试中作弊行为进行表态。

2. 耐心教育，树立诚信，帮助学习。结合小林的成长环境、性格特点等多方面因素，辅导员对小林动之以情、晓之以理，通过平等对话的方式，积极引导其树立正确的价值观，帮助他养成诚信的优秀道德品质。辅导员责令小林写出书面检查，承诺今后不再作弊，正确规划

---

① 吕梦醒，女，南京工业大学能源科学与工程学院辅导员。

自己未来的英语六级考试复习计划，并针对复习计划的不妥之处提出建议。

3. 多方帮助，因势利导，强化意识。辅导员与小林所在班级的班干部联系，要求考试前召开班会，强调考风考纪；安排班干部在学习上主动对小林提供帮助，监督其严格执行学习计划；与小林家长进行沟通交流，告知其家长采用科学合理的方法对其进行教育和引导，发挥家长和学校双方的合力，使小林树立正确的人生观和价值观。同时，要求班干部以此事为契机，发现异常倾向及时上报，务必使全班同学在思想上正确认识考试作弊的严重性，引导全班同学全身心地投入到接下来的学习和生活。

## 经验与启示

1. 辅导员要尊重学生人格，与学生平等交流。对有作弊想法的学生，要晓之以理，动之以情，使其从思想上认识自己的错误，树立良好的行为规范，养成诚信的道德品质。

2. 作为一名辅导员，在原则问题上要有明确的立场和态度。考试作弊是原则性问题，是关乎诚信的道德品质问题，这不仅反映了学生考试的态度，也是学生价值观的体现。作为老师，如果不能从萌芽时就加以阻止，则会影响一个学生的一生。

3. 要运用多方人力和资源，积极督促其改变。同学是每天朝夕相处的最亲密的朋友和伙伴，能更深入敏锐地了解其他同学的心理动态，及时有效地发现问题，与辅导员进行沟通。辅导员应联合广大同学的力量，尤其是班干部和党员，使同学们感受到集体的温暖，树立对学习和生活的信心，树立正确的世界观、人生观和价值观。同时，家长作为监护人，最了解自己孩子的性格特征和个人爱好，且有权知晓孩子的在校表现和异常情况，有效联合家长的力量，共同管理和教育学生，往往会取得事半功倍的效果。

## 专家点评

如何让学生做到“心中有戒，行事有度，诚信考试”是辅导员的一项基础工作。如果把这项基础工作再提升为让学生树立正确的人生观和价值观，难度及工作量都很大，体现的是辅导员对学生的爱心与责任。

——唐明辉（南京工业大学能源科学与工程学院党总支书记）

# 把握时代特点，帮助“落选”班长找回自信

王　敏[①]

## 案例简介

刘同学，男，某学院大二学生。刘同学入学后表现优秀，被同学们选为班长。作为班级主要学生干部，刘同学工作认真负责，但在大一结束时，因学习成绩处于年级专业中等，再次竞选班长时失败。以后，刘同学发生明显改变，上课不积极，活动不参加，消极地应对大学生活。大二上学期期末考试，刘同学有两门课程没有及格。大二下学期开学后，刘同学与辅导员交流时表示自己很失败，开始怀疑自己，对于大学学习的目标也开始模糊，流露出退学的想法。

## 案例定性分析

该案例反映的是大学生自我认知不客观，遇到挫折时应对能力不足，导致学业、生活出现问题，进而对自己失去信心的问题。

## 问题关键点

1. 如何让刘同学认识到已经存在的问题，并从当前的状态中解脱出来？
2. 如何帮助刘同学对学习、生活进行规划，开启正常的大学生活？
3. 如何有效地开展工作，帮助此类学生明确人生的航向、勇于面对挫折？

## 解决思路和实施办法

1. 把握学生特点，走进学生内心。针对刘同学的情况，辅导员首要的任务是让他表达出自己的想法。辅导员不只是他的老师，更是他的一个可信任的朋友。辅导员通过走进宿舍、到办公室以外的场所进行沟通等方式，与刘同学多次交流，取得刘同学的信任。刘同学坦言，自己作为班长时，付出了很多，却没有取得同学们的认可，而且学习上也不理想，对自己的能力产生了怀疑，补考两门课程后更加没有信心，甚至畏惧大学生活。

2. 重视同伴教育，发挥同学力量。同学之间相处的时间最多，且有共同的话题。在明确刘同学的情况后，首先是通过舍友给予他鼓励和关爱，帮助他树立自信。班委利用集体活动让刘同学认识到同学们对他的认可，但是此过程要充分考虑到刘同学的自尊心，在潜移默化之中逐渐进行，不可操之过急。助理班主任要发挥优秀同伴的示范效应，以过来人的身份向他介绍成长过程中的经验。通过同伴之间的沟通和交流，刘同学明白了每个人在成长过

---

① 王敏，男，南京工业大学机械与动力工程学院辅导员。

程中都要经历风雨和挫折，积极应对才是正确的应对方式。

3. 及时联系家长，取得家长支持。辅导员通过与家长沟通，更清楚地了解刘同学的成长环境和过程等，同时把刘同学的情况及时与家长交流。当代大学生对于父母的依赖度还是比较高的，家长的帮助教育对于刘同学的改变有着重要作用。

4. 专业老师介入，相关部门引导。大学生的主要活动范围是教室、宿舍和操场，在上课时、下课间任课老师可以给予刘同学更多的关心，往往能收到事半功倍的效果。应鼓励刘同学积极参加校有关部门举办的充满正能量的典型示范、素质拓展活动，开阔自己的视野。

经过一个学期的共同努力，刘同学的精神状态明显改善，性格开朗起来，对自己有了正确的认知和定位，基本上回到大学正常的节奏上来。

## 经验与启示

1. 当代大学生从小多是物质生活条件相对丰富，很少经历过真正的挫折，处理生活中遇到的问题的能力较为缺乏。但在大学里，每个大学生都要学会自己面对生活中的困难和挫折。个别大学生不能顺利成长，辅导员必须进行教育和引导，帮助这部分大学生尽快走上正轨。

2. 当代大学生较有主见，他们是网络时代的“原住民”，他们是受新媒体影响最大的一代，日常生活中受到各类思潮的影响较多，想要真正走进他们的内心是比较难的。这些新状况都对辅导员提出了更高的要求，辅导员需要不断提高自己的能力，关注学生的特点，采取合理的方式方法，才能更好地为学生服务。

## 专家点评

当前大学生的变化越来越快，需要我们高校思想政治教育工作者用发展的眼光去对待。本案例中虽然没有较大的问题冲突，却是当前大学生较普遍存在的一类问题，如若处理不当，有可能会造成严重的后果。本案例中，辅导员有的放矢，抓住问题关键，应用合理的方式帮助大学生走出困境，是高校思政工作中的一个可借鉴案例。

——孙宇（南京工业大学机械与动力工程学院党委副书记）

# “爱的教育”引导“歧途”学生重回正轨

李田田[①]

## 案例简介

小李，女，某学院大一学生。小李同学家境优越，学习成绩中等，性格比较内向，平时与同学互动较少。某次，小李同宿舍的同学反映钱物经常被偷，并找到证据是小李所为。小李也对其所在宿舍同学承认是自己所为，并写下保证书，承诺尽快还清。之后，小李同宿舍同学的钱物仍然被偷，而小李不承认是自己偷的，搞得宿舍同学之间相互猜疑。

## 案例定性分析

此案例反映的是学生有偷窃行为，从而导致同学之间互相猜疑等问题。

## 问题关键点

1. 如何帮助小李重新做人，改过自新？
2. 如何正确处理盗窃案件，避免同学之间相互猜疑？

## 解决思路和实施办法

1. 分别谈话，了解详情。辅导员了解小李同宿舍的同学钱物损失的情况后，先将该宿舍同学都单独找来谈话，了解具体的情况，让她们先停止互相猜疑，告诉她们真相一定会水落石出。辅导员表示希望偷窃的同学自己主动承认，主动认识自己的错误，争取老师和同学的原谅，并表示如果没有人承认，会将这件事情交由学校保卫处处理。最终，小李同学向辅导员坦白是她所为。

2. 追根溯源，了解真相。小李家境优越，父母有很高的收入，小李花钱也一向大方，为什么会偷舍友的钱物呢？辅导员进一步跟小李推心置腹，了解到小李同学偷窃的原因：小李说虽然自己家庭条件好，但是父母忙于挣钱，平时忽略了对她的关心，因此她想通过偷窃的行为引起父母对她的关注。所以小李偷窃不是为了钱物，而是为了获得父母的爱和关注。辅导员对她的动机表示理解，同时让她认识到自己的行为对他人造成的伤害，要求她真诚地向舍友歉意，请求大家原谅。

3. 联系父母，协同帮扶。在了解了小李偷窃的原因后，辅导员联系小李的父母，向他们说明情况，希望他们多关心孩子的身心健康，不要仅仅只是给她提供好的物质条件。小李的父母对小李的行为感到惊讶，反思自己的养育方式对孩子的影响，认识到确实是他们的教养

---

① 李田田，女，南京工业大学外国语言文学学院辅导员。

不当才导致目前的结果。小李的父母对小李舍友表达歉意，表示日后一定加强与孩子沟通，关心她的成长。

4. 批评鼓励，健康成长。在全体宿舍同学面前，辅导员对小李同学的行为进行了严厉的批评，同时希望舍友帮助她、鼓励她，给小李同学一次改过自新的机会。小李也十分后悔自己的行为，对同学们造成的伤害表示抱歉，保证自己一定会改过自新，不让大家失望。之后，小李将所偷窃的钱物全部还清，舍友与她和解。

## 经验与启示

1. 要高度重视学生的偷窃行为。大学生的偷窃行为对己对人都会带来严重且恶劣的影响，一定要引起重视。辅导员要尽快处理好，避免学生之间的相互猜疑，应该在了解偷窃原因后再根据具体情况制定解决方案。

2. 批评和尊重相结合，学校和家庭相结合。作为一名辅导员，要尊重学生，不能一味批评。偷窃行为关系到学生的个人名誉，在没有导致严重后果的情况下，要注意保护隐私，不能扩大影响、让偷窃者在同学面前无法抬头。另外，要和家长密切配合，使学校、家庭、学生三方频繁互动，建立相互信任的关系，要适当引入心理辅导，使学生养成乐观、健康的心态。

## 专家点评

大学生因为家境困难或心理原因，在学校期间发生偷窃行为，处理妥当与否，对集体、家庭和个人都会产生重大影响。辅导员发现问题后应及时制止并正确引导，帮助学生正确面对新的学习生活才是最重要的。该案例中，辅导员发现问题后，积极制定解决方案，在第一时间进行处理，避免了问题的扩大，给予学生改过的机会，不失为一个优秀的案例。

——佴康（南京工业大学外国语言文学学院党委副书记）

# 加强引领、营造氛围，解决入党前后差别问题

闻　敬[①]

## 案例简介

张同学，女，某学院2012级学生，中共党员。张同学家境优越，性格开朗，学习成绩优秀。张同学入学后不久就递交了入党申请书，一直积极参加各项活动，学习成绩和工作表现较为突出，大二被批准成为预备党员，一年以后成为正式党员。入党以后，有同学反映张同学入党前后差别很大，在支部生活中表现不积极，没有起到党员应有的先锋模范作用。在查阅张同学档案时，发现其党员发展资料涂改现象严重，字迹潦草，部分资料缺失。此类情况已严重影响到了支部建设和发展。

## 案例定性分析

此案例主要反映了党的组织发展过程中的严肃性及学生党员入党后的继续培养和教育问题。

## 问题关键点

1. 如何让张同学在个人表现上得到较好转变，真正起到党员的先锋模范作用？

2. 如何在今后党建培养的各个环节上更加扎实、严谨和规范，确保党建材料质量有所提升？

## 解决思路和实施办法

1. 个体谈心，深入交流。某次党员发展大会后，辅导员找到了张同学，了解到她平日学习工作非常忙，再加上性格开朗，积极参加各类活动，获得的奖励也很多，课余时间很少。然而，获得的荣誉让她飘飘然，变得越来越自负，觉得自己太优秀，比身边的人都要好。繁忙的课业加上课外活动，让她觉得成为正式党员后，不用再花费时间参加各种党的组织活动了。辅导员又通过与她班级同学、老师及社团好友的谈话，渐渐地清楚了张同学发生变化的内因和外因，并在了解过程中和张同学建立了一定的感情，让她渐渐地接纳辅导员的意见，改变对党组织生活会的看法。张同学也用实际行动证明了自己，她在党组织生活会和各项党建活动中都越来越积极，表现优异。

2. 深刻反思，做好引导工作。一个优秀的学生，各项表现也很好，但是在成为正式党员之后，在支部生活中的表现却不是那么积极，不能不引起反思：学生党建工作是不是在哪些

---

① 闻敬，女，南京工业大学艺术设计学院辅导员。

环节上做得还不好？在学生的思想工作上是不是没有下足功夫？首先，辅导员要及时反思自身不足，加强对学生党员的引导，加强学生党建工作的精力投入。当前更要加强“两学一做”党日活动组织和宣传力度，使每个支部成员都能够及时有效地参与到“两学一做”的党日活动之中，并在党的组织生活会上严肃地开展批评和自我批评，对党支部活动中的出席情况考勤和学生党员各项成绩指标进行规定。其次，制订学院学生党员漂流书屋学习计划，并成立学习小组，规定每位党员在课余时间及时学习相关党建知识和党的理论，共同探讨学习内容，集中谈体会，加强学生的自我教育，引导他们主动按照党组织要求行事。

3. 树立典型，营造氛围。从一名积极分子到正式党员，各支部要不断地从各类活动中引导他们，建立相关规章制度，有章可依，有章必依。老党员要带动新党员，尤其在各类党建培养材料的填写、整理、归档上，严格按照相关要求，不能随心所欲。

## 经验与启示

1. 高度重视党建工作。学生党建是一项政策性很强、要求很高的工作，端正态度是做好党建工作的前提，要保证投入更多的精力在党建工作中。

2. 堵不如疏。对于部分党员出问题，要严肃进行批评教育，同时要用耐心去教育引导，因为思想的改变不是一朝一夕就能实现的，只有在思想上改变，才能够很好地指引他们前进的方向。

3. 党建氛围很重要。一个人受环境的影响很大，营造良好的党建氛围，是做好党建的基础。榜样的力量是无穷的，树立优秀党员和优秀党支部书记等先进典型，就可以实现一个党员带动一个集体、引导一批学生、老党员带动新党员，从而营造一种积极的支部氛围。在各类活动中，要对表现优秀的党员进行嘉奖，表彰他们在党建工作中取得的优秀成绩。

4. 在传承中创新。党建工作做法和经验可在传承中创新，传承的力量可以让学生知道党建是怎么回事，要怎么做，如何总结，怎么创新，这样既可以减少党建工作中的茫然和错漏，也推动了党建工作的有效开展，建立基层党建新常态。

## 专家点评

这是典型的以问题为导向，思考如何针对存在的问题，改进和完善高校党建工作的实例。申报者在实际学生党建工作中，进一步了解个别学生党员出现入党后不积极的主客观原因，着手从党建制度建设和加强对学生党员党务知识培训入手，以提高学生党员对党建重要性的认识，明确党建工作的规范化要求，从而形成一届又一届学生支部党建工作好传统；同时，积极思考如何营造一个好氛围对党员教育的重要性、必要性。本案例中，辅导员通过宣传优秀典型事迹，营造学先进、赶先进的良好局面。该案例具有普遍的学习意义，特别是当下开展“两学一做”学习教育，对于支部加强对学生入党积极分子和党员的思想上入党的再教育再提高具有启发作用。

——陈建华（南京工业大学艺术学院党总支书记）

# 从“亮点”着手，重建失落的诚信

张莼波[①]

## 案例简介

小杨，男，某学院大二学生。小杨头脑灵活，交往广泛，很有经商头脑，但学习基础薄弱。小杨刚进校时知道自己基础较弱，学习很认真，但还是不能适应大学的学习节奏，大一第一学期结束，两门考试不及格。大二他顺利通过了补考，感觉补考很容易，放松了对自己的要求。到了大二学期末，他预感自己又不能顺利通过考试，于是铤而走险，将课程内容储存在手机中，在大学物理考试时拿出手机查看答案，被监考老师当场发现，受到记过处分。

## 案例定性分析

此案例反映的是学生因基础薄弱、学习动力不足、学习态度不端正导致学习困难，在困难面前缺少解决问题的勇气和方法、丧失诚信的准则，铤而走险、考试作弊，并受到处分等问题。

## 问题关键点

1. 如何帮助小杨进行处分后的心理疏导和帮教？

2. 如何引导小杨树立正确的学习观，加强诚信教育，帮助其重拾信心，重新规划大学生活？

## 解决思路和实施办法

1. 深入沟通，保护自尊，引导学生重新认识自己。考试作弊被处分后，小杨出现了自卑情绪，不仅对学习更没信心，而且对自己的其他能力也产生了怀疑。辅导员主动与小杨同学进行交流，消除情感隔阂，缓解小杨的心理压力，细心保护小杨的自尊心；及时开导小杨同学，告诉小杨同学以前只代表过去，今后只有努力和不努力，决定成功与否的是自己的目标、努力与自信，并相信小杨通过自己的努力能战胜一切，让小杨感觉到老师的关怀是真心实意的、认识到应该重新审视自己和确立目标。

2. 树立信心，强调诚信，重塑学生的学习观。通过与小杨的充分交流，辅导员发现小杨考试作弊的根本原因在于学习观不正确以及诚信教育的缺失。辅导员认真倾听小杨同学的困惑，通过对学校帮教政策的解读，以及对课程学习、未来就业前景、就业能力的分析，告诉小杨同学处分不是目的，最重要的是正确地走出心灵误区，懂得诚信做人；传递老师对小杨同学的

---

① 张莼波，女，南京工业大学环境科学与工程学院辅导员。

尊重、信任和期望，并表示出老师对其今后学业的关心和重视；帮助小杨同学端正学习态度，制定符合自身实际的学习计划，并约定好定期沟通进展。

3. 找出亮点，寻求突破，帮助学生放眼未来。经过一段时间的观察和反馈，结合小杨的家庭成长环境、性格特点等多方面因素，辅导员了解和掌握到小杨热衷于理财投资和自主创业，未来想和自己的父亲一样开办自己的公司。辅导员以此为突破口，肯定小杨的创新精神和创业规划，强调诚信做人、真诚做事的重要性，帮助小杨同学分析现有的条件、面临的困难、可能遇到的难题和解决问题的方法，提醒小杨同学要理性面对现实的学习要求，引导小杨同学梳理和完善目标的可行性，使小杨同学懂得要诚信为本、量力而行、“学工”兼顾、持之以恒、放眼未来。

4. 挖掘兴趣，初尝成果，坚定改过自新的信念。针对小杨的创业兴趣，辅导员专门给予其生涯规划指导和诚信教育，邀请小杨同学参加校院两级的创业竞赛，帮助小杨充分认识自己、挖掘自身潜力。经过大三第一学期的努力，小杨的考试成绩较往年有较大进步，之前每学期都有 3～4 门补考或重修，现在学期内课程全部及格，同时，小杨同学也做好了创业的各项准备。大三第二学期，小杨同学依托网络商城平台，创立了“果 8 优品”校内水果网上商城，在保证不影响学习的前提下，用心管理好自己的店铺，一个月营业额达到好几万元，店铺信誉良好。小杨同学基本找到了大学学习生活的规律，完全走出了处分的阴影，初次尝到创业的艰辛和成果，深刻体会到诚信做人的意义，更加坚定了改过自新的信念。

## 经验与启示

1. 作为一名辅导员，要善于观察、防微杜渐，坚持做到细心、爱心、耐心。要勤于思考，细心研究学生、了解学生、指导学生，对学生多一些关心、爱护、尊重和信任。在工作中，通过敏锐的观察力和细微的洞察力，及时发现学生在政治思想、学习状况等各个方面出现的征兆，并针对学生思想的变化，对教育方法进行调整，对学生或班级出现的问题及时引导、及时解决。

2. 学生出现问题后，要耐住性子，摸准病因，对症下药。要善于驾驭自己的情感，要能够在对待学生的反复教育转化过程中，耐住性子，摸准病因，对症下药。只有这样，才能使辅导员获得学生的信任和尊敬，也使学生获得自信、自尊。善于发现学生的闪光点，充分肯定学生的优点，针对学生的个性特点，晓之以理，导之以行，燃起学生进取的热情，让学生朝着正确的方向发展。

## 专家点评

大学生考试作弊，实际上是其学习观不正确及诚信教育缺失的体现，如不能加以正确引导，会使学生对人生态度、人生价值等做出错误的判断，当大学生走入社会后，必然对整个社会的道德水平产生消极影响。本案例中，辅导员针对学生考试作弊的后续教育问题，通过重塑学习观、加强诚信教育、挖掘学生潜能等方法，帮助学生改过自新、制定科学的人生规划，不失为一个优秀的案例。

——马丽春（南京工业大学环境科学与工程学院党总支书记）

# 远离手游，树立正确人生观

吕梦醒[①]

## 案例简介

小明，男，某学院2015级学生。小明是一个典型的工科生，性格内向，不善言辞，喜欢玩电脑游戏。大一开始的时候，小明学习认真，积极参与班级和学院组织的各项活动，学习成绩能达到中等水平。大一下学期，小明迷上手游《王者荣耀》，刚开始还能控制，只是晚上玩一会儿，后来越玩越上瘾，从晚上玩到凌晨，白天上课时睡觉，旷课越来越多，成绩开始下降。班长曾多次劝阻他，但收效甚微。

## 案例定性分析

此案例反映的是学生沉迷手游无法自拔导致成绩下滑的教育管理问题。

## 问题关键点

1. 如何劝阻该学生少玩或不玩手游，远离手机和虚拟世界，亲近现实和社会？

2. 如何引导该学生树立正确的人生观，规避其错误的做法，督促其学习，规划自己的人生？

## 解决思路和实施办法

1. 分析原因，打入内部，主动约谈。现如今，低头族越来越多，手机网游愈发普遍，网络游戏有着无可比拟的空间实景模拟和极致的画面视觉冲击效果，为了游戏升级和满足虚荣心，小明同学有时彻夜玩手机游戏，以致睡眠不足，成绩下降。作为辅导员，先通过班干部和室友了解小明同学家庭成长环境、性格特点等多方面因素，了解其因网瘾导致成绩下滑的形成过程，分析提炼问题，在此基础上主动约谈小明同学，从游戏开始聊，形成融洽的氛围，建立和小明同学彼此信任的良好关系。

2. 确立信任，欲抑先扬，引导认识。在与小明同学的谈话过程中，首先认可小明同学玩游戏的可取之处——良好的逻辑思维能力，确立与其之间的信任。其次，引导小明本人对成绩下滑进行个人陈述和自我归因，通过点头示意等方式传递老师对其的关心，同时敏锐观察其神态、语言等发生的细微变化，及时进行安抚，尽量缓解其因成绩后退而担心被骂的紧张心理；表示出对他近段时间学习上的滑坡和生活方式不规律的重视和担忧。在与其聊天时，委婉指出沉迷手机游戏的弊端，通过身边和新闻中的真实案例使其看到网络成瘾的不良后

① 吕梦醒，女，南京工业大学能源科学与工程学院辅导员。

果，引导其正确看待学业与上网的关系，正确认识游戏，远离虚拟世界，多亲近社会，努力学习，合理科学地规划自己的大学生活。

3. 制订计划，多方督促，水到渠成。就小明同学身上现存的问题，要求小明制定一个远离手机游戏的计划以及学习计划，详细列出自己每日的学习和娱乐时间，并由班长和室友监督执行，明确如不能按时完成甘愿接受何种惩罚，使其树立诚信做人、言行一致的观念。同时，充分挖掘小明自身的优点和潜力，使其培养更加积极向上的兴趣爱好以转移注意力；用同一年级或高年级学生的逆袭经历鼓励小明树立信心，克服困难；安排班级成绩优秀的学生在学习上积极带动和帮助小明，使其能够迎头赶上。同时，应与小明家长及时交流沟通，使家长对孩子的学习和生活做到心中有数，应告知家长注意教育孩子的方式方法，切不可急于求成，否则会适得其反，联合家长的力量共同感化和教育小明，使他早日迷途知返。

## 经验与启示

1. 尊重学生，平等对话，与学生为友。现在大多数独生子女自我意识都比较强，吃软不吃硬，因此在与学生谈话时，不能直接批评、明言禁止玩游戏，这样会引起反感和厌恶。应首先以朋友的身份与其进行深入的沟通和交流，以详细了解其心理状况和问题产生的深层次原因，使学生能够心平气和地接受对他的关怀，从而与其共同有针对性地制定解决方案。

2. 要运用多方人力和资源，积极督促其改变。同学是每天朝夕相处的最亲密的朋友和伙伴，也更加了解彼此之间的情绪波动，能更深入敏锐地了解学生的心理动态，及时有效地发现问题。要联合广大同学的力量，尤其是班级干部和党员的关心和帮助，使他们感受到集体的温暖，树立对学习和生活的信心，促使他们从内心和思想上认识到自己的错误，树立正确的世界观、人生观和价值观。同时，家长作为学生的监护人，最了解学生的性格特征和个人爱好，且有权知晓学生在校表现和异常情况，有效联合家长的力量，采用科学有效的处理方式，共同管理和教育学生，往往会取得事半功倍的效果。

## 专家点评

沉迷手机在学生中较为普遍，积极探索解决问题的方法也是因人而异。与学生交友，争取心理的认同应是一种行之有效的方法。

——唐明辉（南京工业大学能源科学与工程学院党总支书记）

# 用心浇灌,助力学困生蜕变

朱永华[①]

## 案例简介

王某,男,某院2011级学生。王某是一个比较喜欢独来独往的人,不太主动与他人交流,不参加班级和学院的系列活动。王某每天晚上都熬夜打游戏,上课经常出现迟到、课上睡觉等现象,整个人显得很懒散。辅导员找他谈话,他也意识到自己的问题所在,但没过几天老毛病就又犯了,而且变本加厉,一学期的课程全部挂科,甚至出现多门课程零分的现象。辅导员与其家长取得联系帮助其戒掉网瘾,禁止王某把电脑带到学校,但王某面对学业压力自暴自弃,竟到学校附近的网吧包夜打游戏,而且情况越来越严重。

## 案例定性分析

此案例属学困生的教育与转化问题。

## 问题关键点

1. 如何赢得王某的信任,让王某敞开心扉?

2. 如何动用学校和家庭的力量帮助王某戒除网瘾,走上正轨?

3. 如何找到亮点并加以鼓励,帮助王某发掘自己的兴趣特长,从中找到成就感,从而更好地促进其转化?

## 解决思路和实施办法

1. 学院与家长共同制定帮教对策。学院建议家长把孩子带回去,让孩子围绕三个"如果"进行深刻反思:如果不学习,准备做什么工作?如果还是这样学习,结果是什么?如果准备认真学习了,是怎么打算的?老师叮嘱家长在家期间要加强与孩子的交流。鉴于王某家庭条件良好且王某属于自由散漫的性格,学院建议王某家长让王某参与劳动,让他体验一下自己现有能力是否能适应社会的需求,从而让他意识到学习环境来之不易。在家期间,王某逐渐感觉到自己确实没有任何资本适应社会,当下唯一能做的就是好好读书,顺利毕业,获取生存技能。王某每天主动与辅导员老师联系,汇报自己的生活和思想状况,还写了一份非常深刻的反思材料,后悔以前的无知,非常渴望回到学校。学院经过认真评估,看到其改过的决心,同意其回校。回校后,王某的态度比以前有明显改观,并自觉主动写下保证书,请求学院老师加强对其监督。

---

① 朱永华,女,南京工业大学2011学院辅导员。

2. 领导与学生面对面进行情感交流。学院领导对王某的情况十分关注，在他决心从头再来的时候，及时送去鼓励；在他犯了错误，感到内疚的时候，语重心长地劝告。慢慢地，王某对老师们更加依赖了，关系也更融洽了。谈话中，老师发现他对篮球很感兴趣，便鼓励他进入院篮球队。老师让队员主动和他交流，带着他训练，他也从集体中找到了归属感，变得开朗起来。后王某担任篮球队副队长，带着大家在篮球场训练。在这个过程中，他逐渐学会了与其他人进行交流合作，篮球赛取得的成绩也大大鼓励了他。

通过上述办法，王某有了很大的进步。在学习上，王某上课认真听讲，课后按时完成作业，并自觉复习，积极参与学习小组的学习，把落下的课程都补上了。英语学习方面更是坚持每天听，每天练习，英语水平得到了很大的提高，大一下学期通过了英语四级考试，大二上学期通过了英语六级考试。在篮球队，王某通过组织各类活动，增进了与班级和其他院同学之间的感情交流。王某经常主动与辅导员老师沟通交流学习和工作，整个人谦逊礼貌，呈现积极向上的精神面貌。

## 经验与启示

1. 在教育学生过程中，应放下“师道尊严”的架子，开展平等、和谐的师生对话。教师对学生的尊重，能使学生产生满足、愉快的心理体验。尊重每一位学生，是对每一位教师的基本要求。我们教育的对象是活生生的人，那么教育的过程不但是一种技巧的施展，更是充满人情味的心灵交融。

2. 在学困生的教育转化中，不在于严管，而在于疏导。学困生自己也知道自己有许多缺点和不足，由于遭到其他学生的冷漠与歧视，心灵受到了伤害，如果老师在教育过程中还是训斥、责骂，不但不能达到目的，还会适得其反。所以我们应诚恳地开展师生之间的心灵对话，让学生感受到老师对他的信任，感受到老师是自己的良师益友，感受到老师希望自己成为一个追求进步和勇于改过自新的人。

3. 应让学困生树立转化的信心。重新确立起自信心是转化工作的关键，教师要花功夫、下力气帮助他们改进学习方法，提高学习效率，在学困生取得成绩时既要立即肯定，又要提出新的目标。在班级工作中不要把学困生排除在外，可有意安排一些适合他们做的工作，更可以让一些取得进步的学困生介绍经验，发挥作用，让他们看到希望，激发进步的内在潜力，确立起不断进步的信心。

4. 要使学校、家庭、社会形成合力。在学困生转化过程中，既要充分发挥学校的主导作用，又要充分利用校外因素对他们的积极影响，尤其要重视家庭教育的作用，取得家长的配合和帮助，达到共同教育的目的。只有真正为学困生营造一方和谐的精神家园，才能使他们摘掉学困生的帽子，成为一名品学兼优的好学生。

## 专家点评

原本沉迷网游、随意缺课、擅自离校的懒散学生，如今变成了一个积极上进、阳光开朗的优秀学生。学院副书记和辅导员与学生建起了情感交融的桥梁和平台，关心爱护学生，并与家长共同努力，引导学生树立正确的目标、发掘自己的兴趣特长，并积极展示自己，成功转变了一位学困生。

——唐明辉（南京工业大学能源科学与工程学院党总支书记）

# 洗去表面的虚荣,拥抱真实的集体

张　倩[①]

## 案例简介

李同学,女,某学院大一新生。李同学来自一个普通的家庭,学习成绩一般,注重打扮,时尚靓丽。李同学比较高傲,喜欢炫耀攀比,同学们觉得她比较虚伪,她与室友关系一般。在交往中,同学们感到她有点看不起贫困学生,大家都不太愿意靠近她,她与班级同学的关系紧张。某日,于宿舍发生口角,引起全班同学的公愤,李同学情绪激动,便打电话回家哭诉。因为她哭诉的内容与事实并不相符,于是班级同学与她大吵了一通。

## 案例定性分析

此案例反映的是有着某些性格弱点的学生的教育管理问题。

## 问题关键点

1. 辅导员如何提高沟通技巧,做到让学生洗去虚荣,并积极改正?

2. 如何化解班级矛盾,解开心结,调动班级积极性,建立健康良好的同学关系?

## 解决思路和实施办法

1. 了解客观情况,寻找原因。先把发生的情况了解清楚,不能只听一方的说辞。通过综合调研找到原因才能对症下药。辅导员将班长向辅导员汇报的情况与李同学的父母从李同学口中知道的情况进行对照,结合多方面的描述,得到一个相对客观的情况。

2. 家庭教育与学校教育相结合。孩子的性格形成与家庭教育有很大的关系,孩子的成长不只是有学校老师负责,家庭也要承担很大的责任,共同帮助孩子成长。李同学的家长在了解孩子的问题与不足之后,反思了自己教育孩子方法的问题,从自己身上寻找原因。

3. 打开心扉,动之以情晓之以理。结合辅导员自己以前的经历,更能说服李同学认识到自己的错误,认识到问题的严重性。辅导员告诉李同学要处理好与身边同学的关系,学会自省,学会改错,并和她聊了辅导员自己以前上学时的例子,告诉她处理不好与身边的人的关系会有糟糕的后果。

4. 深化班级意识,团队意识。辅导员应给大家一个交代,鼓励她们友好相处,宽以待人。人非圣贤,孰能无过?原谅别人可以让别人有机会成长进步,又何尝不是自己上升一个精神境界的表现呢?班级是一个集体,每个同学都是重要的组成部分,只有每个同学都做好

---

① 张倩,女,南京工业大学经济与管理学院辅导员。

自己了，大家团结友爱共同进步，才能建设出一个优秀的班集体。

## 经验与启示

1. 勇于承认错误，正视不足，勇于改正。这是一句在书本上、课堂上常常出现的话语，然而真正去实践需要很大的勇气与行动力。许多同学不愿意承认自己的错误，总习惯在别人身上找原因，这样的态度会让别人很反感，甚至会引起更大的冲突。所以要善于自省，多找自己的不足。知道问题之后，还要去改正，不要因为虚荣心，怕丢了面子而不去改正错误、任其发展，这样不但问题得不到根本解决，以后还会有更多的问题继续发生。

2. 要用恰当、适时的方式解决问题，做到有效沟通。当我们与他人发生矛盾时，可能会因为一时冲动言语过激，甚至做出不该做的事情。如果他们坐下来好好说，说出这件事的严重性以及该怎么做，而不是开始吵架的话，就不会把矛盾激化。

3. 宽以待人，包容他人。李同学虽然有许多缺点，但是班级同学如果不是疏远她，而是用包容的心态去帮助她认识自身问题，那么也许也不会发生吵架之事。不过，最后大家愿意以包容的心去对待她，这样既有助于她们的成长，也有助于班级的团结。

## 专家点评

大学生来自不同的地区，受到不同的家庭教育，带着自己的个性特征。当大家聚集到一起共同生活时，一些个性上的缺陷就表现出来，并影响着自己的人际关系。该案例中，辅导员能抓住问题的核心，真诚地与学生交流，动用家庭和班级、宿舍的资源，帮助同学认识到自己的问题并积极改正，是一个不错的个性矫正的案例。

——张晓文（南京工业大学心理健康教育指导中心主任）

# 从沉溺走向自拔

徐元龙[①]

## 案例简介

小洪，男，某学院2014级学生。小洪2014年以高出省本一线近20分的优异成绩考入本校，在班级排名第一。进入大学以后，由于学校的日常生活管理较为宽松，小洪放松了对自我的要求，逐渐沉迷于手机游戏，大一上学期期末成绩排名中等。大一下学期，小洪以学习为由向学院申请在宿舍使用笔记本电脑，在身边同学的影响下迷上了某网络游戏。尽管能按时上课，但上课时心不在焉，最终期末考试有多门课程不及格，名次也断崖式退步到专业最后一名。

## 案例定性分析

此案例反映的是学生沉溺于网络游戏而导致学业荒废的问题。

## 问题关键点

1. 如何帮助小洪同学戒除网络游戏瘾，并辅导其养成良好的自主学习习惯？

2. 如何帮助小洪同学设计好职业生涯规划，树立正确的人生观和价值观？

## 解决思路和实施办法

1. 外围入手，客观评价。首先是旁敲侧击了解情况，探析小洪成绩急剧下滑的根本原因。辅导员通过与其室友深入交流，大致了解到小洪同学是由于自控力较差、进入大学后一时迷失方向、失去奋斗目标而导致学习劲头急剧下降。

2. 主动约谈，认真倾听。与小洪同学谈话地点选择在学院的心理咨询室，与学生事务办公室相比，谈话环境温馨了许多，消除了小洪同学的戒备感和紧张感。在正式谈话前，辅导员首先从形象和精神状态入手，提醒他日常生活中的一些细节注意事项，一下拉近了师生距离。紧接着老师询问其进入大学以来的学习生活情况，用眼神鼓励他放松心情，尽情袒露自己的苦恼。辅导员老师对小洪的行为表示理解，引导他继续勇敢地深入剖析自己。

3. 思想劝导，亲情感化。辅导员结合前不久与小洪家长联系后了解到的其家庭情况，告诫小洪同学在他无忧无虑在打网络游戏的同时，他的父母正在工地上顶着油漆对人体的伤害辛苦赚钱供其上学。再回顾过去十年，正是由于家长的辛苦无私付出和个人努力才跨入大学校门，而这些由家庭成员共同创造的成果正被吞噬。讲到此处，小洪同学默默流下了

---

① 徐元龙，男，南京工业大学药学院辅导员。

眼泪。这时趁热打铁，强调要对父母永远保持感恩之心，更要有感恩之行。

4. 发挥特长，团体帮扶。辅导员把学校学籍管理和评先评优的相关文件逐条逐句给小洪同学讲解，告诫其荒废学业不仅对个人和家庭严重不负责任，对班级、学院也会带来较大负面影响，让他明白个人在集体中的分量不容小觑，要尽个人力量充分发挥正面效应。辅导员在深入交流中了解到小洪文笔较好，可以担任班级或学院官微相关文稿的撰写工作，从而给予其一定的认可度，帮助他形成正确的人生观和价值观。在此基础上，后期将及时跟踪引导，持续辅导其做好职业生涯规划设计。

5. 制定计划，砥砺前行。引导小洪同学自己制定一份学业提升计划，以目标为导向，落实具体行动计划，并鼓励他重点解决好会“做”题目的问题，养成良好的自主学习习惯。为了保证计划落实，辅导员借助于学院的学业帮扶工作坊平台，安排了两位同学“陪同”自习，落实好学业帮扶制度，解决好每一个问题，确保每天的小目标都能实现，从而帮助他树立信心，为彻底解除网络游戏瘾奠定现实基础。经过一年半的不懈努力，小洪同学已从专业垫底进步到第五名。

## 经验与启示

1. 对于沉溺于网络游戏的学生不能一味采用堵的手段，堵不如疏。一旦直接禁止他们玩网络游戏，很容易让他们产生逆反心理，处理过程中容易出现“猫捉老鼠”现象，双方都很为难。应有耐心地对这些同学进行疏导，并加以适当的心理引导，以职业生涯目标为导向，以感恩亲情为抓手，让这些同学有意识地去改正缺点。

2. 当他们自己认识到问题之后，辅导员及时加以引导，告知其问题的严重性。帮助他们制定目标并分解为每天必须完成的任务，确保每天进步一点点。同时发现他们自身的优点和内在优良品质并适当放大，帮他们找到自己的一技之长的用武之地，增强他们在现实生活中的自信心，引导他们树立正确的人生观和价值观。

## 专家点评

网络成瘾尤其是网游上瘾实际上是过度使用网络而产生的一种心理依赖和行为习惯。不像毒瘾那样可以用药物来戒除，网瘾必须通过心理教育等多种措施来解除。本案例中，辅导员针对学生因沉迷于网络游戏导致学习成绩下降，灵活运用心理学原理，拉近师生距离，通过亲情感化教育和学业帮扶措施的跟进，尽快帮助学生树立了自信心，让其有勇气规划自己的人生并为之脚踏实地努力，最后取得很好的成效。这是一个成功的思想教育工作案例。

——张琪（南京工业大学药学院党委副书记）

# 从价值观、集体感和人生梦三维引导学生干部成长

权良媛①

## 案例简介

小张，女，某学院大三学生，院学生会主席。小张任学生会主席已经半年时间，进入新学期工作推进困难。首先，与副主席之间沟通出现问题，副主席认为工作应该完全放手交给部长去做，小张认为需要“手把手地指导”；其次，组织部门之间信息沟通不畅，缺乏交流，导致一些大型活动组织工作不到位，缺乏整体性、连续性；第三，一部分部长、干事经常以学习为由缺席组织例会，组织纪律涣散；第四，个别部门评选“优秀干事”时，没有严格按照评优评先条例，而是采取抓阄的形式确定优秀名单，缺乏透明公正。这些问题的存在，使得小张十分苦恼，不知道到底该如何做才好。

## 案例定性分析

此案例反映的是学生骨干在学生组织建设方面存在困惑的问题。

## 问题关键点

1. 如何帮助小张有效处理好自身的人际关系？

2. 如何帮助小张树立信心，改善学生会内部凝聚力差、沟通少及部分学生工作积极性不高等问题，做好一个团队的领导者？

## 解决思路和实施办法

在学生工作的开展中，有效地沟通和协作十分重要，直接决定了工作的效率。学生会作为一个服务学生的组织，是连接学校和学生之间的桥梁，学生活动的开展要始终围绕“为同学服务”的核心理念。学生会主席应该具备较强的领导能力、团队协作能力以及沟通、组织能力，以保证学生会正常的管理和运行。

1. 有效辅导、调整心态，扫除沟通障碍。在与小张同学的多次谈话中发现，小张是一个对工作非常认真负责的同学。小张同学认为，作为学生会主席，应该全身心地投入到工作当中，时刻保持工作热情，不能有任何的懈怠情绪。而副主席却不能理解她的工作想法，认为该放手时就放手，并多次与其发生冲突，甚至在例会上公开“开战”，使得她很没有面子，导致部分工作无法开展下去。小张同学还特别提到了部门评优的问题，她认为部分部长没有做

---

① 权良媛，女，南京工业大学食品与轻工学院辅导员。

好这个“领头羊”，只是应付，并且劝说无果。工作上的矛盾、沟通上的困难，压得小张喘不过气来，觉得自己非常辛苦，却没有人真正理解她。

找小张同学谈心的过程中，辅导员首先肯定她对工作的认真态度，“不想当元帅的士兵不是好士兵”，帮她重新建立信心；其次，辅导员与小张同学就目前学生会存在的问题进行多角度分析，特别聚焦内部沟通问题，剖析其产生的深层次原因，并寻求解决问题的思路；第三，帮助小张从自身角度出发，分析如何更好地处理与“同事”间的关系，树立威信，完善自我，成为优秀的领航者。

要学会沟通，沟通能拉近距离，促使各个部门不断改进工作。沟通不但包括和老师之间的沟通，还包括和同级及下级部员之间的沟通，以及不同院系学生会之间的沟通，要使小张明白沟通对于其工作开展的重要意义。

2. 立足本职、提升自我，树立全局观念。小张同学对自我的要求很高，希望自己能够获得老师、学生会内部成员和其他同学的认可。作为老师，首先要帮助小张认清自身的优势与劣势，遇到问题时，要沉着冷静地去分析，不急于立即采取行动，并控制好自身的情绪。其次，告诉其要学会换位思考，要弄清楚副主席、部分部长和干事在工作中是否存在一定的实际困难，导致工作出现懈怠的真正原因到底是什么。第三，与副主席、学生会成员要进行多次面对面的谈心，最好是逐个谈心，了解他们内心最真实的想法，了解同学的想法，才能更好地开展工作。第四，要有全局观念，抓大放小，以身作则，以自己的实际行动去感染周围的人。第五，进一步建立威信和权威。作为学生会主席，首要的是以身作则，做好自我管理，提升综合素质。通过培养自身善于倾听、有责任感、尊重别人、不吝鼓励、积极乐观等品质，建立威信，以情感人、以理服人。

3. 创新思维、协同发展，打造优秀团队。学生会是年轻人的组织，需要有新的理念、新的内容和永葆热情的工作态度。强烈的创新意识和较强的创造能力，是新形势对高校学生干部的基本要求。辅导员帮助小张同学明白后期工作的重点，把握好两个方面的工作：制度创新和文化创新。制度用于解决组织的规范、约束等问题，而文化则是解决组织吸引力、凝聚力、认同感、归属感的问题。首先，进一步完善学生会内部章程和相应的考核措施。从制度入手，重点关注干部选拔、组织结构与决策制定、考核与奖惩制度以及资金与物品的管理等，加强内部管理。其次，重视组织文化。可以通过完善培训机制，让同学们多有收获；组织丰富且有意义的活动，打造精品工程，增进彼此间的沟通与了解；树立“家”的观念，学生会是一个整体，工作的开展需要各个部门的通力配合，缺一不可。

## 经验与启示

1. 以社会主义核心价值观引领高校学生干部队伍建设。明确告诉小张同学，要想成为一名合格的学生会主席，价值观、荣誉感和人生梦缺一不可。了解部门，团结队伍，用心服务，全心发展，才能打造出一支具备战斗性、卓越型的优秀学生会队伍。

2. 工作必须更加制度化、规范化及科学化。学生会需要进一步整合内部资源，强化责任意识，重视程序，完善制度，吸引人才，加大执行力度，才能收获工作成果。

## 专家点评

学生干部，尤其是主要学生干部，是高校学生管理和大学生思想政治教育中的重要群体，要发挥其先锋示范作用来带动整体，也要发挥其老师助手作用来优化管理。在学习能力的基础上，学生干部的价值观、集体感和人生梦等思想政治教育是重要的抓手。本案例中，辅导员定位学生干部的实际，结合工作开展的需要，有效分析了问题的原因，提出了解决办法，是一个非常典型的案例。

——周辉（南京工业大学党委办公室副主任、党委统战部副部长）

# “微时代”的新生适应教育

付昌义①

## 案例简介

学校自2015级新生入学开始实行新的培养方案，对学生提高了标准和要求。某学院2015级学生自入学以来一直对新的培养方案不适应，出现一系列问题。大一第一学年就有2名同学作弊、5名退学、35名同学受到学业警示，学业警示率达到全年级人数的10%，补考率居全校前三。面对此种状况，学院调整了工作思路和方法，一方面对2015级学生出现的问题进行补救，帮助遇到困难的学生渡过难关；另一方面对新入学的2016级学生加强新生入学适应教育，避免此类问题的重复发生。

## 案例定性分析

此案例反映的是大一新生的学习适应问题。

## 问题关键点

1. 如何抓住“95后”大学生的特点？

2. 如何依托微媒体构建思想政治教育育人平台？

3. 如何采用符合“微时代”教育规律的思想政治教育新举措，引导新生尽快适应大学学习生活？

## 解决思路和实施办法

1. 分析“微时代”大学生特点。“微时代”中，微媒体如微博、微信、QQ在大学生中非常流行，由此也形成了“移动式”“碎片式”的虚拟生活环境。一方面，由于学生行为管理能力较差，造成了学生对智能手机等媒介终端严重依赖；另一方面，由于学生没有足够的情绪管理能力和时间管理能力，导致学生产生负面情绪，且耗费大量时间。同时，因为学校在“微时代”来临时应对不够，相应的管理和育人水平也没有达到标准。

2. 依托新媒体构建思想政治教育育人新平台。“微时代”既是挑战也是机遇，唯有抓住机遇，搭建新媒体思想政治教育育人新平台，才能在“微时代”中培育引导好学生，适应时代的挑战，也才能真正将思想政治教育覆盖到学生生活各个层面。具体平台构建如下：① 建立学院学生党建微信公众平台和各班级微信公众平台；② 建立学生党支部、年级、班级QQ和微信交流群；③ 建立班长、团支书、学委、班委等多层次QQ交流群；④ 建立班级家长QQ

① 付昌义，男，南京工业大学机械与动力工程学院学生事务办公室主任。

和微信交流群。

3. 形成“五微一体”的思想政治教育新举措。

(1) 发挥新媒体的宣传教育功能，通过“微引领”宣传先进典型事迹形成正确的理想抱负。一方面，传递正能量。利用学院党建微信平台和班级微信平台通过图文结合的方式，展示优秀党员、先进党支部、先进班级、优秀大学生，以榜样的力量带动同学们积极进取、向上向善，传播示范典型正能量。另一方面，开阔同学们的视野。号召同学们随时随地把自己身边的所见所闻以图文、视频、录音等形式上传，包括闪光言行、趣闻乐事、不文明行为等，让大家共同关注“身边的那些事儿”。同时，还邀请职业生涯规划专家为同学们讲解职业生涯规划，组织指导学生填写职业生涯规划表格，参加职业生涯规划竞赛。

(2) 发挥新媒体的教学功能，通过“微党课”提升大学生思想素质。以“微党课”为阵地，倡导“党课我来上”。一方面组建专兼结合队伍，在相关领导老师讲党课的同时，鼓励有热情、有能力、有经验的党员同学主动走进微信平台讲精悍短小的党课；另一方面创新学习形式，准确把握“微党课”特点，注重把大主题与小切口、典型事迹与身边故事、“普通话”与“地方话”结合起来，让“微党课”更接地气、更贴人心。如2016级党支部在大一期间积极开展“两学一做强党性，从严治党稳党风”主题党日活动，由入党积极分子围绕主题，结合自己党课所学，针对“两学一做”“从严治党”“我为什么加入共产党”等专题，以PPT的形式向大家分享了自己对党课的理解和感悟。

(3) 发挥新媒体的交流沟通功能，通过“微讨论”辨清生活热点问题。在学生党支部、年级、班级QQ交流群指定一名政治素质好、责任心强的正式党员或者班委为管理员，该管理员每隔一段时间定期组织“微讨论”活动，以热点话题、党建活动和相关教育活动为主题开展讨论，不断拓展“五微一体”的活动内容，引导同学们组织开展践行社会主义核心价值观的活动。比如针对期末同学发生的考试作弊问题，抱着问题不过夜的态度，连夜组织党支部和班级群大讨论，在同学中营造作弊可耻、诚信光荣的氛围，同时树立考试靠自己、学习靠平时的信念，强化诚信做人、踏实做事的信念。此外，还可以针对国际热点问题，展开萨德入韩、南海问题讨论，将形势政策课搬到线上。

(4) 发挥新媒体的管理功能，通过“微管理”将日常管理工作覆盖到日常学习生活。平时做到管理信息的及时上传下达，保证通过相关群组第一时间发布第一手消息。通过QQ群将学校学风建设、宿舍文明、奖贷助勤、社会实践、团学共建、科技创新等方面第一手信息及时发布出去；及时回答同学们的问题，为同学们的学业、生活等各方面问题答疑解惑；做到评审公开公平公正，利用QQ群推选优秀团员，每人一票，按照同学们选票的高低选拔优秀。

(5) 发挥新媒体的活动功能，通过“微活动”组织开展各类活动提升学生素质。以“微活动”为平台，倡导“党员站出来”。一方面，呼应同学需求。结合学风建设和宿舍文明建设，广泛汇集同学们的需求，合理设计与学风建设、宿舍文明建设相关的行动计划和方案，增强“微活动”的针对性。如针对学风建设开展“一帮一、一对红”、学习小组、月考期中测验等活动提升同学们的学习能力；开展“五星宿舍”评比提升宿舍文明建设。另一方面，突出党员引领，发挥党员骨干作用，以党支部和团支部为单位，积极开展志愿服务、文化娱乐、体育竞技、践行核心价值观等各类活动和志愿行动，提升大学生的社会责任感，培养大学生的实践创新能力。如以“微公益”的形式帮助特殊群体的学生实现“微心愿”，以招聘会志愿服务的形式提升对专业的认识，以爱心帮扶的形式帮助更多需要帮助的人。

## 经验与启示

1. 应对“微时代”要具体问题具体分析。“微时代”对于大家来说是一个严峻的挑战，只有仔细分析对症下药，才能真正设计出适合“微时代”大学生的全覆盖立体方案，才能真正帮助大学生适应大学生活。

2. 作为一名辅导员，教育管理学生要全盘考虑。对待大一学生，要注重顶层设计，注意从点点滴滴中了解学生，从理想信念上引导学生，从学习生活中帮助学生，从素质培养中提升学生。这样才能真正做到教书育人，并将思想政治教育贯彻到育人的各个环节。

3. 教育管理学生一定要注意持之以恒。一个方案的执行，短时间是不容易看出效果的，只有持之以恒才会有更好的收获。“五微一体”自实施以来已经取得了初步成效，2016级新生在第一学期考试当中，年级补考率不仅低于2015级的同期水平，也低于全校补考率，不足10%，同时平均分均在80分以上。英语四级考试通过率也超过全校平均水平，在全校名列前茅。宿舍卫生率也基本达到100%。

## 专家点评

“微时代”来临对大家都是一个挑战，如何在“微时代”做好新生适应教育是目前大家都要面临的难题。本案例中，辅导员针对“微时代”大学生特点，认真分析总结，掌握新媒体特点，积极构建新媒体育人平台，为大学生搭建了“五微一体”的新媒体育人体系，积极帮助学生适应大学生活，取得了良好的成效。这是一份非常优秀的工作案例。

——孙宇（南京工业大学机械与动力工程学院党委副书记）

# 重塑信心，扬起理想风帆

董亚楠[①]

## 案例简介

小王，男，大一学生。小王入学时凭高分录取，被寄予厚望。但这所大学并非小王理想的高校，所学专业也非其兴趣所在。小王对此闷闷不乐，失去学习的动力，平时成绩并不突出，情绪十分低落，平时沉默少言，与周围的新同学交流也较少，几乎没有主动参加过班级的集体活动，对学院组织活动也以应付、交差等态度消极对待。在第一学期的课程测试中，小王数门课程不及格。

## 案例定性分析

此案例反映的是高分学生进入大学后，在面对非理想的学校及专业、面对理想和现实的差距时，产生巨大的心理落差，进而导致信心全无、自暴自弃、学业荒废的问题。

## 问题关键点

1. 如何帮助小王逐步端正认识，重塑信心？

2. 如何引导小王树立正确的学习目标，科学地规划大学生活，回归正确的成长轨道？

## 解决思路和实施办法

1. 适时约谈，耐心倾听，以诚相待。发现小王在情绪、行为以及学业方面的异常情况后，主动择时约谈，从在校生活情况入手，了解问题产生的原因。谈话时，认真倾听小王本人对学校、对专业以及对当前学习状态的陈述，并以适当的眼神和肢体语言，表示对他陈述的尊重及学业滑坡的关心和重视。尽力缓解小王因为错过理想学校和专业、自暴自弃致使学业成绩不佳而受到责备的抵触心理，使小王体会到老师对自己学习、生活的真诚关怀，消除隔阂，拉近师生距离。

2. 情绪疏解，心理辅导，重塑信心。在了解小王的心理症结之后，持续多次开展谈心、沟通工作。通过面对面心理辅导的沟通方式，帮助小王同学充分认识到自身较好的学习基础和优势，转变对学校、专业等的认知误区。以优秀学长现身说法，用相似的心路历程鼓励小王重塑信心，抓紧宝贵的大学时光，认真学习，寻求更为美好的发展前景。

3. 破除心理障碍，合理规划学习生涯。引导小王进一步加深对学院的认识，深刻理解进入菁英学院学习所拥有的绝佳机遇，充分把握学院在师资力量、教学资源以及学生成长方

---

① 董亚楠，女，南京工业大学2011学院辅导员。

面所具备的特殊资源优势和促进学生发展的平台优势。帮助小王共同分析学院专业的优势和发展前景，发掘自身闪光点、正确认识自我、积极面对未来的学习和工作生活，制定适合自己的学习生涯规划书。针对小王规划书中出现的问题，逐条指导，使之逐渐形成健康、积极、上进的人生观和世界观。

4. 多措并举，综合帮扶，实现自我管理。协同老师、家长、班干部、助理班主任等多方的集体力量，对小王在校学习、生活予以全方位关怀和帮助，让他充分感受到老师及家长对他的殷切期待以及同学对他的关心。携手家长，在生活上解决小王的后顾之忧；组织班干和学习助教等优秀学生，在学习上使小王尽快跟上集体步伐，逐渐引导小王学会自我调适，科学地进行自我规划，并学会提升有效自我管理的能力。

## 经验与启示

1. 敏锐观察，防微杜渐，及时把握心理动态。学生的心理问题多无明显表现，辅导员需要在工作中仔细观察、敏锐分析。如果引导及时、处置得力，事态会朝向积极的方向发展。坚持走进宿舍、走进学生，对学生的学习生活状况、心理动态等及时把握，对学生的需求、诉求等，真诚沟通，换位思考，真正做到关心学生成长与未来，这也是对辅导员老师的基本要求。

2. 勤于思考，善于学习，提高自身的专业能力水平。作为一名辅导员，从一些微小事件中洞察出学生发生的变化，除了需要热情面对、积极处理之外，还必须做到勤于思考、善于学习，培养自己的专业素养和能力，从而在面对错综复杂的学生情况时，举措得力，游刃有余，做到有心也有力。同时要懂得，心理问题的解决，不可能一蹴而就，学生的性格、心理等也各有不同，解决学生成长过程中遇到的问题永远在路上。

## 专家点评

大学生存在巨大的心理落差与失衡，实际上是学生在进入大学后缺乏正确的自我认识、自我调适的体现。如果不及时关心、引导，可能会带来信心全无、自暴自弃等不良后果。本案例中，辅导员针对该生因存在心理落差和失衡导致学业荒废的问题，能够准确分析原因，引导学生科学定位、重塑信心，采取综合帮扶、学涯规划等举措，对症下药，帮助学生破除负担，重塑信心，不失为一个优秀的案例。

——眭国荣（南京工业大学2011学院党总支书记）

# 脉脉温情，扫除学生心中阴霾

张乐涵[①]

## 案例简介

程某，男，某学院大一新生。小程性格内向、敏感，是一名乖巧懂事的男生，上课从不迟到早退，跟同学关系良好。2017 年 3 月，小程突然表达想退学的想法，辅导员仔细询问得知：小程很不适应大学生活，遇到困难不知道该怎么做，常常感到紧张焦虑；对专业不了解，感觉学这个专业没有前途，对未来迷茫，想退学重新考大学。

## 案例定性分析

此案例反映的是大一新生由于多方面的原因产生对大学学习、生活畏难心理的问题。

## 问题关键点

1. 如何运用各种资源，帮助学生解决实际问题，发挥学生的特长优势，让学生获得成就感，对大学生活充满期待？

2. 如何引导小程对自己的想法做出客观、深刻、冷静的思考，为自己的人生做出一个负责任的选择？

## 解决思路和实施办法

1. 耐心沟通，修正小程对大学的认知。了解小程自己心中对大学生活的期望后，辅导员发现，他对大学生活的认知过于理想化，导致想退学的原因之一就是现实与理想的差距过大而感到不适应。辅导员耐心地向他介绍大学四年的特点，让他明白，大学的青春时光只有一次，大学的经历对人的一生都有十分重要的意义，并与他分析退学的弊端，给他传达他的父母对他的期望，给小程信心以增强他继续读大学的信念。

2. 细心疏导，增强小程对专业的认同感。小程对自己所学专业缺乏足够了解、存在偏见。辅导员总结了专业优势，帮他树立对自己专业的信心：首先，国家政策大力支持环保行业，环保行业是有前途的新兴行业。其次，从目前来看，环境相关单位的人才缺口相当大，不仅对中、高端人才有着迫在眉睫的要求，对于普通上岗人员的需求也很大。毕业后，学生能在科研机构、高校、企事业单位及行政部门从事科研、教学、环境保护等工作。最后，辅导员向他介绍了往届毕业生的就业、读研等情况，让他重拾专业信心。

3. 抚慰心灵，搭建朋辈沟通的桥梁。通过与小程的沟通，辅导员了解到，小程是非常内

---

① 张乐涵，女，南京工业大学环境科学与工程学院辅导员。

向、非常腼腆的大男孩，家在甘肃张掖，从小到大小程都没有离开过家乡。小程家里还有一个姐姐，小程从小就是家里最受宠的孩子。来到南京后，小程感到不适应，学习跟不上并强烈缺乏安全感。辅导员主动联系小程的舍友、班长、团支书，让他们在平时生活中多关注小程，让他们在开展活动时注意帮助小程提高积极性。

4. 鼓励支持，创造展示才华的机会。在平时的生活学习中，辅导员经常给小程打电话，告诉小程他是一个有耐心、有爱心、细心的孩子，就是缺少了一些自信，辅导员引导他在大学多参加一些感兴趣的活动，尽情施展自己的才华。4 月的一天，辅导员在学院活动室惊喜地看见，小程和几位同学在一起认真地排练 5 月的校级红十字应急救护大赛。努力的他们为了参加这次比赛每天都在学院活动室排练，功夫不负有心人，终于，在最后的决赛中他们取得了冠军！比赛结束后，小程对辅导员说："老师，谢谢你一直以来对我的关心和帮助，现在有这么多小伙伴在我身边帮助我、鼓励我，我真的很开心，大学很有意义！我会继续努力读书的，不辜负你们对我的期望！"

5. 拓宽视野，制定人生发展的目标。缺乏职业生涯规划是当前大学生普遍存在的问题。在上大学前，能够考上理想中的大学就是奋斗目标，进入大学校园后，由于缺乏对未来的规划，有些同学失去了方向感。小程就是"迷茫大军"中的一员，当他跟辅导员说要退学后，辅导员问他想去做什么，他回答不知道。很多学生就是在这种不知所措下浑浑噩噩过了四年时间。5 月，学校举办职业生涯规划大赛，在大赛启动仪式上邀请各个学院的学生参加、学习，辅导员鼓励小程积极参加，聆听成功人士的经验分享。小程听了后意识到自己当初坚持退学是多么冲动，并且在启动仪式结束后，他积极地参与到职业生涯规划的设计中，辅导员和他一起规划了"人生蓝图"，帮助他制定人生发展的目标。

## 经验与启示

1. 作为一名辅导员，如何及时发现学生的问题，如何使他们对自己敞开心扉，如何将正确的观点、观念融入学生的思想中，是辅导员工作的重难点。对于想要退学的学生，辅导员首先要从学生的角度去感受他们的想法，并为他们量身制定出方案来帮助他们解决困惑，用动之以情、晓之以理的工作方法去引导他们。

2. 每一个孩子都是有优点的，需要辅导员细心地去挖掘。每个学生都是独立的个体，老师要尊重他们的想法。一些意志力薄弱的学生，在一个陌生的环境里想退学是正常的，作为辅导员，要挖掘他们的优点，帮助他们发挥自己的特长，增强学习的信心，潜移默化地去温暖他们，帮助他们克服一个又一个困难。

## 专家点评

对于辅导员来说，无论学生是因为哪些原因想退学，我们都应该尽自己最大的努力来帮助他们解决心中的困惑。在这里，张乐涵老师从多个角度来帮助这名学生，通过细致入微的引导，准确了解该生的内心动态，有针对性地对学生进行帮助。张老师处理此事的最大的闪光点在于她细心发掘这名学生的优点，鼓励学生发挥自己的特长，让学生在参加救护大赛、职业生涯规划大赛中获得成就感，对大学生活燃起新的希望，最终帮助学生走出迷茫期。更为重要的是，我们教育工作者需要有一颗爱心，忠诚于党的教育事业，践行仁爱与责任！

——缪克明(南京工业大学校部机关党委书记)

# 学风建设篇

# 坚持目标导学,激发自主学习热情

学风,是一所大学的灵魂,折射着学校师生员工在治学精神、态度和方法等方面的风格和气质,也体现了一所大学的办学思想和教育质量。优良的学风建设是实现高校人才培养目标和提高人才培养质量的关键所在,是学校深化改革、促进发展的重要保障。学风建设是校风的最重要体现,要坚持不懈培育优良校风和学风,从根本上帮助学生树立正确的学习观和成才观。加强高校学风建设是培养又红又专、德才兼备、全面发展的中国特色社会主义合格建设者和可靠接班人的必然要求,也是实现大学基本功能、提高人才培养质量、推动高等教育内涵式发展的根本保证。

工欲善其事,必先利其器。自2014年以来,学校以“学风建设年”为载体,努力健全教书育人、管理育人和服务育人的协同工作机制,积极营造“教书启智、育人铸魂”的优良教风、“非学无以广才、非志无以成学”的优良学风、“为学生服务、为教师服务”的优良作风,探索出“一载体一机制一模式”的学风建设工作体系。

本篇案例覆盖了学生在大学各个阶段所遇到的不同突出问题,包括因沉迷外物致学业荒废、因叛逆放纵而自暴自弃、学习遇阻而畏难不前等典型问题。针对这些问题,奋战在南京工业大学学生培养第一线的思政工作者们,迎难而上,开拓创新,探索出了分年级、全过程的学风建设模式,建立了分层次、多渠道的学风建设制度,搭建了分层级、立体式的学风建设平台,对不同学生进行分类指导,开展有针对性的思想教育与学业指导,不断激发学生的学习动力,明确专业发展方向和阶段学习目标,从点到面、有的放矢、触类旁通,帮助一个个“问题”学生“迷途知返”“悬崖勒马”。文中的典型案例总结了南京工业大学关于学风建设的先进做法和经验,为持续推进学风建设工作提档升级、推进高质量人才培养提供指引。

第一,强化意识引领,学习动力有效激活。积极开展学校、学院学风建设动员会和主题班会、年级会,以思想政治理论教育典型案例分析与解读为手段,动员、教育学生重视遵守校纪校规、诚信考试和参与学风建设,帮助他们在思想上更充分地认识到认真学习、诚信做人的重要性,大大增强了学生“善于学习、全面学习、终身学习”的意识观念。

第二,严抓第一课堂,学习氛围愈加浓厚。作为学风建设的主阵地,第一课堂是学风建设的有力抓手,通过重点严抓第一课堂,有效解决了学生在第一课堂中出现的突出问题,切实提高了学生学习的积极性和主动性,真正夯实了学风建设主阵地的坚实基础,形成了“三高三低”的良性循环模式。

第三,丰富第二课堂,学生综合能力显著增强。学校重视第一课堂在实践领域的延伸,引导学生将理论应用于实践,鼓励他们积极参加各类高水平学科竞赛,帮助他们树立投身科研的信心,锻炼学以致用的能力;组织开展各种丰富的社会实践活动,通过将理论与实践相结合的方式,培养学生的服务意识,增强他们的社会责任感。

进入新时代,高校学风建设面临新的机遇,同时也将迎接新的挑战。教育的根本在于学习,高校必须回归到教育的本质上来,将学风建设和人才培养有机结合,深入贯彻党的十九大和全国高校思想政治工作会议精神,着力提高人才培养质量,为培养有理想、有本领、有担当的新时代青年而不懈努力。

# 做学生的知心朋友

季　君[①]

## 案例简介

小陈同学是2015级电子专业的学生，性格偏内向。他喜欢唱歌，大一时加入了相关学生社团。大一期间，小陈将大量时间用在了社团的排练、聚餐以及其他集体活动事务上，经常出现旷课情况，学习成绩每况愈下。辅导员每次找其谈话，小陈认错态度都不错，也表示要好好学习，但收效甚微。一年级两个学期结束后，小陈受到了二级学业警示和一级学业警示各一次，面临退学的严重后果。

## 案例定性分析

此案例反映的是学生沉迷社团活动、缺少学习动力和学习兴趣而导致学习困难的问题。

## 问题关键点

1. 如何帮助小陈正确认识到学习的重要性，找回学习动力和兴趣？

2. 如何引导小陈找到正确的发展方向，平衡好兴趣爱好和学习之间的关系，合理分配时间和精力？

## 解决思路和实施办法

1. 多渠道、全方位了解学生情况。在小陈出现旷课情况后，辅导员曾对其进行批评教育。当时小陈认错态度良好，也表示会好好学习，但并没有吐露更多心声，而且学习成绩每况愈下。在这种局面下，辅导员找到了小陈的室友以及所在班级班干部，向他们了解小陈的学习及生活状态。经了解，小陈由于社团的排练、聚会等原因，经常深更半夜才回到宿舍，导致早上起不来，经常旷课。随后，辅导员联系了小陈的家长，向他们了解小陈在家里的状况，并得知小陈父亲有残疾，属于低收入家庭，而小陈自入学后从未申请过家庭经济困难学生认定。

2. 抓契机、聊热点走进学生心房。在全面了解了小陈的情况后，辅导员意识到，兴趣是最好的老师，只有从兴趣入手，谈话才能收到效果。在一场校园文化活动筹备时，辅导员让小陈负责其中的一个节目，小陈欣然答应。经过这次接触，辅导员和小陈越来越熟悉。在一次活动彩排时，小陈主动跟辅导员聊起他在社团的情况。辅导员肯定了他在社团的付出和表现，同时提出学业面临的问题。与往常的沉默不一样，小陈这次主动表达了自己内心的焦

---

① 季君，女，南京工业大学计算机科学与技术学院辅导员。

虑，也讲了他为改变学习现状所做的努力，如跟学长请教、找老乡帮忙等。他跟辅导员交流了每一门科目目前的学习进度，以及对自己期末成绩的预估等。他还主动提起了自己的父亲，称父亲是他小时候的超级偶像，他希望能弥补父亲未能上大学的遗憾。这一次的谈话大大拉近了辅导员和小陈的距离，他开始把辅导员当成可以倾诉心事的朋友，而不只是教育他的老师。

3. 解难题、巧引导打开学生心扉。经过之前的接触，小陈仿佛突然找到了和辅导员沟通的方法，在遇到难题时，也愿意向辅导员求助，而且沟通不再仅仅局限于学习。在阳光长跑结束的最后一天，小陈来办公室找辅导员，希望能帮他解决免跑名额的问题。辅导员帮他分析了问题出现的原因，并给他指出了解决思路，最终问题得以圆满解决。辅导员也借机跟他聊起他的家庭情况，询问他没有申请家庭经济困难学生认定的原因，并告诉他，这并不是一件丢人的事情，而是减轻家庭负担的有效途径，也是激励自己好好学习的动力。小陈答应将主动申请家庭经济困难学生认定，争取减轻父母重担。

4. 细规划、勤鼓励树立学生信心。小陈重拾了努力学习的劲头，却不知道从何做起，课程落下太多也使他没法跟其他同学保持同样的学习节奏。经过沟通，辅导员帮助小陈和他的一位正在考研的老乡结成了学习小组，共同帮助小陈克服惰性，合理规划学习时间。另外，辅导员还询问了小陈所在社团的工作规划，引导其合理安排时间，将社团工作交由社团的其他负责同学共同分担。小陈听取了辅导员的建议，开始将重心放到学业上。

## 经验与启示

1. 辅导员要从学生的兴趣点出发，寻找交流突破点。在和学生交流时，学生通常存有一定的戒备心理，如果能从他感兴趣的点出发，定能取得事半功倍的效果。

2. 辅导员要努力成为学生的知心朋友。对于将大部分精力花在社团上的学生，我们通常将其成绩不理想的原因归结于社团拖累。在这个案例中，小陈的家长也一再要求小陈退出社团。其实社团也有凝聚力，也有正能量，如果能引导学生合理规划时间，分清主次，未尝不是解决之道。要尊重学生的兴趣和选择，做到亦师亦友。

3. 辅导员要进一步加强学生入学教育。大学校园对于新生来说一切都是崭新的、新鲜的，尤其是各种各样的学生社团，对于新生更具有吸引力。辅导员在新生入学教育中，要合理引导新生正确对待社团及社团活动，正确处理好学习和社团活动的关系。

## 专家点评

自信可以使人更勇敢、果断、谦虚。生活中不可避免地会出现挫折与困难，有些学生在展翅起飞前就失去信心，放弃自我，我们要想办法让他们重拾信心，迎接挑战。在这个过程中，需要辅导员的细心与关心，情感投入和方法采用尤为重要。本案例中，辅导员通过寻找学生的兴趣点和与学生做知心朋友，帮助学生正确认识到学习的重要性，找回学习动力和兴趣，并引导学生找到正确的发展方向，平衡好兴趣爱好和学习之间的关系，合理规划时间。帮助学生塑造健康的人格，克服遇到的困难，重拾信心，是辅导员最大的成就。

——郑娟（南京工业大学计算机科学与技术学院党委副书记）

# 树立目标，远离网络

丁　楠[①]

## 案例简介

张同学进入大学后放松了对自己的要求，在大一时，偶尔逃课、光顾网吧，靠在考试前临时复习，成绩勉强及格。后来张同学自己买了电脑，无视老师的点名批评，经常旷课，成天待在宿舍打游戏。在期末考试，张同学出现了多门课程不及格，综合学习成绩排名在班级倒数第一。张同学的表现对班级班风带来了非常不好的影响。

## 案例定性分析

此案例反映的是学生因缺少生涯规划、缺失人生目标而导致旷课、游戏上瘾、学习成绩下降的问题。

## 问题关键点

1. 如何帮助张同学远离网络、远离游戏？

2. 如何帮助张同学树立正确的人生目标，合理规划大学生活，步入正确合理的人生轨迹？

## 解决思路和实施方法

1. 深入班级与宿舍，了解核实情况。在发现张同学学习成绩下降后，辅导员主动向班长及其宿舍成员了解张同学成绩下滑的具体原因，表示老师对张同学学业滑坡的关心和重视。

2. 及时与家长取得联系，让家长进行干预与关怀。在辅导员与家长取得联系后了解到，张同学平时在家就对自己放松要求，经常外出上网。在和家长的交流中，辅导员希望家长对其多关怀，多鼓励，多沟通，表达了老师与家长联手促进学生健康发展的积极性，体现了学校与家长两方面合作对于学生树立正确人生目标的重要性。

3. 积极交流，耐心疏导，真诚感化。在耐心倾听张同学关于自己成绩下降原因的过程中，辅导员通过细心观察他陈述时面色和神态所发生的变化，及时进行正面安抚，避免紧张与尴尬。结合张同学性格特点等多方面因素，辅导员了解和掌握了张同学因放松自己、沉迷网络导致学习成绩下降的过程，对其所面临的问题成因进行分析，帮助张同学分析网络成瘾的种种不良后果，及时运用合理、有效的方法进行耐心疏导，使张同学认清目前所处的状态，

---

① 丁楠，女，南京工业大学材料科学与工程学院辅导员。

引导其调节情绪以及重塑自我，形成积极向上的学业发展观。同时，积极引导张同学正确看待学业与上网之间的关系，认清其学业所面临的处境，让其认识到学业发展与上网两者之间的对立关系，帮助其科学规划大学生活。辅导员对张同学经常旷课的行为进行了批评教育，告知其学校对学生旷课的有关处理规定，提醒其如果再有旷课行为学校将依照校纪校规对其进行处分，恩威并施，督促张同学走向课堂。

4. 合理规划，逐步改善，走向成功。在了解到张同学有考研的意向后，辅导员督促其参加学院举办的“优秀学长考研交流会”，要求张同学对自己的考研复习做出规划，针对张同学的复习规划所出现的问题，给予合理的指导。同时，辅导员用已毕业优秀校友的成功事例鼓励张同学向他们学习。另外，辅导员还安排班级中优秀的同学去帮助他解决在备考过程所遇到的一些困难，给予他一定的指导。通过一系列努力，张同学充分了解到自身所面临的问题和挑战，找回了信心和努力的方向。最终，张同学在经过自身努力和老师、同学的帮助下，成功考上了硕士研究生。

## 经验与启示

1. 不能用简单的批评甚至处分的方式解决问题。对于沉迷于网络的学生，辅导员如果在不了解原因的情况下，一开始就直接给予惩罚或批评，不仅不能使他脱离网络，反而会引起学生的强烈反感和对抗，导致其不愿与同学、老师沟通，甚至自暴自弃。辅导员应该在详细了解产生问题的原因后，根据具体情况实事求是地制定解决方案。

2. 作为一名辅导员，要用耐心和诚心与学生积极交流，耐心对同学疏导，努力成为学生的朋友。在尊重学生、平等交流的前提下，联合班级优秀同学给予他们帮助，要让他们从内心体会到老师是在努力积极地帮他，使他们从思想上认识到自己的错误并予以改正。

## 专家点评

大学生之所以沉迷网络，实际上是没有明确自己的人生价值观以及未树立自己的人生目标，如不能加以正确引导而任其自由发展，将会导致严重后果。本案例中，辅导员针对学生因沉迷网络导致学习成绩下降、人生目标不明确等情况，正确分析该生沉迷网络的原因，对症下药，帮助学生制定科学的人生规划，最终走向成功，不失为一个优秀的案例。

——薛荣生（南京工业大学材料科学与工程学院学办主任）

# “状元”怎么了

路　遥[①]

## 案例简介

新生小陈同学来自偏远地区，在高考时以高出当地一本线100多分的成绩被我校录取，并获得了校长颁发的“新生雏鹰奖学金”5万元。小陈同学因此还被班级同学称为“状元”。然而，让人意想不到的是，小陈同学入学后的学习成绩并不突出，经过几次考试，成绩已处于班级中等偏下水平，特别是英语成绩还出现了不及格的现象。为此，小陈同学很苦恼，渐渐失去了学习的信心和兴趣，一些班级活动也找理由不参加。

## 案例定性分析

此案例反映的是新生适应障碍导致的学习动力缺乏问题。

## 问题关键点

1. 如何了解小陈同学学习成绩和学习动力下降的原因？
2. 如何对症下药，引导小陈同学树立信心，增强学习动力，稳步提高学习成绩？

## 解决思路和实施办法

1. 主动约谈，回顾荣誉。发现小陈同学的问题后，辅导员主动约其单独谈话。在谈话中，辅导员首先肯定小陈同学高考的优异表现，并和其一起回顾了在开学典礼上受到“新生雏鹰奖学金”表彰颁奖的场景，从而激发其内心的荣誉感和自豪感，为后续帮扶工作打下坚实的基础。

2. 认真倾听，了解原因。在回顾以往成绩之后，辅导员认真细致地倾听小陈的表述，重点了解其入学后的心路历程和学习过程。通过谈话，了解到小陈来自偏远地区，当地的教育水平与本地有比较大的差距，英语甚至不考听力，所以英语学习压力特别大。同时，由于小陈被同学称为“状元”，他的自尊心使他不敢也不愿多向同学请教学习问题，怕问题太“低级”引发同学嘲笑。就这样，小陈的学习形成了恶性循环，并从英语科目逐渐延伸到高等数学等其他课程难度较大的科目学习。久而久之，小陈同学的学习自信受到了严重打击，产生了厌学情绪，对周围同学和集体活动也产生了逃避心理。

3. 积极帮扶，树立信心。在了解了小陈同学真正的学习情况后，辅导员及时给予其安慰和疏导，表示造成现在学习下降的原因有一定的客观性（如地域差异），并非完全是小陈本人的主观原因，帮其减少内心的自卑感，重新燃起他的信心。同时，采取以下措施帮助小陈：

---

① 路遥，男，南京工业大学电气工程与控制科学学院辅导员。

第一，让班级里学习成绩优秀的同学与小陈结对帮扶，主动关心小陈的英语和高数学习，并要求在帮扶时，多以互相讨论和学习研讨的方式进行，避免影响小陈的自尊心；第二，与一些课程的任课老师联系，说明小陈的学习情况和自身特点，请任课老师在课堂内外多关心小陈的学习，多进行鼓励，以此督促小陈的学习；第三，向小陈举一些以往类似的例子，告诉他即使来自偏远地区，只要经过自身努力，也可以在大学阶段保持优秀。

4. 及时回访，了解效果。之后，辅导员经常约谈回访小陈，进一步了解小陈在学习、生活中的情况，对于他取得的每一点进步都给予充分的肯定，对于他面临的困难都及时给予帮扶。同时，辅导员让班委主动关心小陈的学习和生活，多鼓励他参加集体活动，帮助他找回自我。

## 经验与启示

1. 对于优秀同学成绩下降的问题，一定要通过谈心谈话，了解真实的原因。成绩下降的原因有很多，要在了解情况后，区别对待，不能把学习下降一概归因为能力差、懒惰等。只有找准了真正的原因，才能做到对症下药，采取有效的帮扶措施，提高帮扶实效。

2. 对于成绩下降的同学，在找准问题的根源后，要引导其树立正确的学习观，充分激发其学习的主观能动性。毕竟，学习需要自我努力为主，其他的帮扶措施都是辅助的。

3. 要通过班委和班级同学的共同努力，营造互帮互助、共同进步、宽容失败、鼓励进步的氛围。只有班级这个大环境好了，暂时落后的同学才能有归属感，才能有找回信心的勇气和氛围。

4. 在入学阶段，对于来自偏远地区的同学要提前了解情况，对于可能发生的学习障碍等问题，要提早谈话、提早预防、提早采取措施，这样可以使问题得到及早解决，也能让同学感受到辅导员和班级的温暖。

## 专家点评

新生的学习适应是新生教育管理中的重要问题，特别是一些来自偏远地区的新生，由于教育水平的差异导致的学习障碍甚至人际交往障碍问题应该引起足够的重视。案例中，辅导员通过细致谈话，了解了学生学习下降的真正原因，在调动学生主观能动性的基础上，采取了同学帮扶、老师关心、榜样激励等措施，帮助学生找回自我、重拾信心。本案例中，辅导员处理问题的方法得当，措施合理，具有一定的指导和借鉴意义。

——季宜敬（南京工业大学电气工程与控制科学学院党委副书记）

# 爱让青春不迷茫

季　君[①]

## 案例简介

小张同学从紧张的高中生活进入相对宽松的大学生活后，未进行合理规划，平时比较放松，偶尔旷课，课后从不学习。在期末考试中最终两门不及格，并获二级学业警示一次。新学期开始后，小张的这种情况不仅没有得到改善，反而愈演愈烈，旷课次数越来越多，不参加课外活动，每天在宿舍看电视剧、打游戏、睡觉。

## 案例定性分析

此案例反映的是学生因未合理规划大学生活，缺乏学习动力而引起的学业困难、态度消极问题。

## 问题关键点

1. 如何帮助小张逐步远离网络，戒除网瘾？

2. 如何引导小张确立正确的发展方向，重拾学习动力，合理规划大学生活？

## 解决思路和实施办法

1. 深入宿舍，全面了解小张的课后生活。在同学反映小张经常在宿舍打电脑游戏之后，辅导员决定去小张宿舍看看他课后的生活状态。到宿舍后，辅导员发现小张正在玩游戏。学校《学生宿舍个人计算机管理办法》第四条规定，一年级学生宿舍不得安装使用个人计算机。辅导员将这一规定严肃告知小张，并告知其将电脑带回家。然而情况并没有得到改善，小张的室友私下反映，小张还是经常迟到、旷课、熬夜打游戏，偶尔还会在宿舍吸烟。了解到这些情况后，辅导员约小张进行了一次深入谈话。

2. 认真倾听，客观评价，获得小张信任。辅导员从和父母相处、高中学习生活等话题入手，让小张慢慢开口说话。通过肯定小张的为人、同学对小张的认可，让小张找到自信，主动表达自己的想法。通过交谈了解到，小张在大一上学期没有合理规划好大学生活，认为大学很轻松，平时不用花太多功夫，考前突击下就能顺利过关。结果二级学业警示的结果给小张迎头一棒。第二学期开学后，小张本打算好好学习，结果因为落下太多课程，已经跟不上学习进度。小张不敢将现状告知家长，也不知如何改变，于是又陷入游戏、看剧、旷课的死循环。

---

① 季君，女，南京工业大学计算机科学与技术学院辅导员。

3. 严肃处理，爱心关怀。辅导员首先严肃指出，旷课是违反校纪校规的行为，根据《学生手册》中的管理规定，小张将受警告处分。当然处分的目的在于为他敲响警钟，提醒他在今后的学习中不会再犯类似错误。其次，在了解到小张跟父母几乎没有交流后，鼓励他多跟父母沟通，寻求父母的支持与理解。最后，帮助小张分析了学业警示的原因及严重后果，根据小张目前的学习状况，要求小张制定明确的学习计划，从认真听每一节课开始，慢慢改变学习状态。

4. 疏堵结合，持续观察。根据学校《学生纪律处分暂行条例》第二十条，小张受到警告处分。辅导员与小张的父亲取得联系，告知其小张目前的情况，并希望他能加强与小张的交流、多进行督促。随后安排高年级的优秀学生与小张结成一对一学习帮扶小组，不仅在学习上对其给予帮助，而且在成长的方方面面都给予指导。同时，调动班委和小张室友的力量，让他们加强对小张的督促和帮助。

## 经验与启示

1. 注意细节，客观评价每一位学生。如果从成绩来看，小张可能是大家眼里的学困生，但在交流中，辅导员发现了小张有许多优点。在与小张的室友交流时，他们认为，小张虽然有一些坏习惯，但是个好人，与室友相处十分融洽。在辅导员和小张结束谈话后，小张虽然在老师前面离开办公室，却主动按着电梯等老师一起下楼。这些细节增加了辅导员对小张的认识，在后期的交流中也毫不吝啬赞美之词。这增强了小张对辅导员的信任感。

2. 依规处理，不要一味春风化雨。要做到奖惩结合，做得好的需要鼓励，做错的事情，特别是违反校纪校规的事情，一定要加以批评教育，按照规定处理。这既是对同学的震慑，也是保证有序管理的基础。

3. 防患未然，加强日常管理。要充分发挥学生干部的作用，在学生刚发生旷课、玩游戏等情况时，要求学生干部及时告知辅导员，辅导员将教育工作做在前面，降低学生继续犯错的可能性。

## 专家点评

学生在大一新生阶段所呈现的问题是高中教育、家庭教育、社会环境、大学教育、学生个体等多种因素综合作用的结果。案例中所反映出来小张的迷茫与混乱不是个案，而是群体现象。解决这一问题不仅仅要以适应为目的，更要以成长为目标。作为辅导员，要关注学生的成长需要，界定不同学生的状态，分析并善用各种教育资源，如教师、学长、学生组织、家长、实践基地等，开展以关爱为基础的针对性教育工作，帮助学生积极调整心态、更新观念、扩展视野、树立合理目标。案例中，辅导员注重情感支持，教育方式得当，取得了较好的教育效果，建议再加入其他可用教育资源的引导和监督，并以此为点展开班级、年级面上的新生成长工作。

——邹金铃（南京工业大学计算机科学与技术学院副教授）

# 奋力一搏，改变命运

黄 乐①

## 案例简介

小陈，大三学生，自进校以来，经常迟到、早退、旷课，网游成瘾，每学年学业综合绩点排名倒数，受到多次学业警示，是辅导员办公室的常客。在大学三年级开学初的补考中，小陈因将试卷带离考场，受到严重警告处分。大三下学期期末考试中，小陈因携带与考试相关的材料，被监考老师当场发现，构成考试作弊。根据相关规定，小陈受到留校察看处分。小陈眼看毕业无望，深感愧对父母和老师，羞于面对同学，向辅导员表达了想退学的想法。

## 案例定性分析

此案例反映的是一名学业和行为规范困难学生在因考试作弊受到留校察看处分后，对完成学业失去信心，对未来的人生路感到迷茫的问题。

## 问题关键点

1. 如何提高思想政治教育成效，让小陈深刻地认识到自己的错误？
2. 如何引导小陈重塑信心，奋力一搏，规划好大学生活和自己的人生？

## 解决思路和实施办法

1. 严肃处理，晓之以理。在小陈第一次违纪受到处分后，辅导员就第一时间对其进行了批评教育，并且安排班干部、党员定期帮教。但由于小陈思想认识不深刻，行为习惯太差，仍抱着一种无知、侥幸、逆反的心理，再一次触碰了“高压线”。在第二次受到处分后，辅导员更加严肃地批评了他，通过几个反面的事例告诫他作弊行为的危害性、告诉他诚信的重要性，再次跟他分析了没有学位的后果。本次打击和对他的批评教育使他深刻认识到自己这种行为的恶劣性，他羞愧之际决心退学，回家随便找个工作，不再看别人投来的异样眼光。

2. 动之以情，真诚感化。通过和小陈的妈妈电话交流，辅导员了解到小陈的父母务农，家庭经济来源单一，家庭收入较低，每年近两万元的学费、生活费支出，压得全家喘不过气。小陈的所有在校费用都是靠他哥哥打工和妈妈东奔西走借钱凑来的。而家里的这些情况小陈自己并不了解。辅导员跟他客观地分析了他的家庭和学习境况，通过一个个正面的例子真诚地鼓励他重振信心，重塑自我，奋力一搏，鼓励他通过报考研究生改变命运，重新规划一幅美妙的人生蓝图。辅导员感受到了小陈内心发生了细微变化，他答应回去审慎思考，并约好一周后答复。

---

① 黄乐，女，南京工业大学机械与动力工程学院辅导员。

3. 润物无声，伴你高飞。一周后，小陈告诉辅导员他要考研究生，希望通过考上研究生改变无法拿到学位证书的困境，以后要找一份好的工作让妈妈更好地生活。辅导员与小陈分享了自己考研的经验，并告诉他会一直给他鼓励、伴他前行。随后，辅导员又安排了两个学习成绩优异的考研学生带他一起复习，营造学习气氛，使他增强考研信心。暑假期间小陈没有回家，在学校拼命复习。接下来的一学期，辅导员虽然在家休产假，但仍以一周一次的频率电话或微信询问他近况，不断地给他加油打气……付出终有收获，考研分数出来的那一刻，小陈第一时间给辅导员打了电话，告诉辅导员他高出国家线近20分。最终，小陈被淮海工学院机械学院录取，从而踏上了一段改变命运的新征程！

## 经验与启示

1. 严肃处理和正向引导相结合。学生违纪后，作为辅导员应第一时间对学生进行批评教育，并根据学校制度规范化地完成对学生的纪律处分，不能包庇。在严肃处理的同时，需要做好正向引导工作，正向教育要方法得当、措施有力，用真心和诚心感化学生，从而提高学生工作的实效性。

2. 加强学生考试的诚信教育。要以对学生、对社会高度负责的态度，充分认识到诚信考试教育工作的重要性，抓早、抓细、抓实，常抓不懈，防微杜渐，使考试作弊现象在萌芽中消失。诚信教育要创新形式，多平台多方位进行，真正引导学生营造文明有序的治学氛围。

## 专家点评

考风考纪作为学风建设的重要内容，是营造优良学风、校风的条件，是提高高等教育质量的保证，学校要将诚信教育贯穿人才培养的全过程。对受处分的学生要关心关爱，持续正面引导，使学生对未来的学习生活充满期许。辅导员在工作中要强化责任意识，主动探索新方法，利用多种载体深入开展考风考纪宣传教育，真正引导学生诚信治学、诚信为人，使之具有健全的遵纪守法的意识，成为合格的社会人和职业人。

——孙宇（南京工业大学机械与动力工程学院党委副书记）

# 山重水复疑无路，柳暗花明又一村

李　慧[①]

## 案例简介

小白，材料科学与工程学院2013级学生，家庭环境良好，成绩一般。大一下学期，小白向辅导员咨询个人发展问题。小白告诉辅导员，自己的兴趣爱好不在理工科，尤其是化学成绩特别差。高中的时候，他十分喜欢文科，可是父母觉得文科生不好就业，所以让他学了理科。现在虽然考上了大学，可是通过一学期的学习，他感觉对材料专业一点兴趣也没有，而且越学越没有自信；他自己将来不想去工厂工作，也不知道将来能干什么。小白说，原本他希望通过大一努力学习达到学校申请转专业的要求后，转到自己喜欢的文科专业学习，可是，第一学期的成绩很差，转专业这条路肯定是行不通了。小白表示再学下去很没有意思，不知道前途在哪里。

## 案例定性分析

该案例是一个典型的学生生涯发展规划不明确而导致学习困难的案例。

## 问题关键点

如何帮助小白找到学习的动力，积极主动地学习？

## 解决思路和实施办法

1. 科学测评，认识自己。只有正确地认识自己，才能科学规划未来的发展方向。为了帮助小白正确认识自己，辅导员指导小白进行霍兰德职业能力测试、MBTI测试，使其清晰地认识自己的兴趣、性格、价值观和能力以及适合从事的职业。

2. 挖掘成就事件，梳理自信，找出目标职业。在小白对自身特质初步了解之后，辅导员借助测评结果和成就事件和他一起探讨、寻找适合的发展方向。小白自认为写作能力比较强，也喜欢策划，通过讨论，他将自己的职业目标定位为文案写作。

3. 探索职业世界，拓展发展空间。辅导员将近三年毕业生就业去向统计情况发给小白，让他抽空总结，并让他通过各个招聘网站了解招聘本专业学生的公司。通过这一阶段的调查了解，小白发现，他目前所读专业的毕业生可以胜任多种职业，他以后毕业去企业做文案宣传工作比较合适。

4. 制定合理目标，有计划分步实施。这一阶段辅导员借助SMART原则，帮助小白制

---

① 李慧，女，南京工业大学材料科学与工程学院辅导员。

定可行性的计划，将大目标分解为每一个学年的计划小目标。

5. 借助帮扶平台，解决现实问题。解决小白专业思想问题的同时也需要考虑到小白始终面临着成绩不理想的现实问题。针对这个问题，辅导员借助学院已经有的“一帮一帮”扶计划，请学习优秀的同学帮助小白进行日常的学习和复习，帮助小白解决现实存在的学习成绩不理想的问题。

## 经验与启示

1. 不能采用一刀切的专业思想教育方式。“90后”大学生思想活跃，不服权威，他们对于自我的发展有很多的想法。因此，学校专业思想教育要更加细致入微，要切实符合每个学生实际，帮助学生寻找自己未来发展之路的同时，也让学生可以踏实地在本专业学习发展。

2. 学习成绩不理想的原因有时不是能力不够而是思想不明。由于大学教学模式与高中不同，以及学生受片面信息的影响，大一时学生在遇到学习困难的情况下，很容易给自己下结论说自己不适合该专业的学习，自己将来不想从事该专业的工作。如果辅导员能和他们仔细讨论下去，让他们发现每个专业都有吸引人的发展领域，可以让他们重拾学习信心。

3. 学生思想转变以后，只有解决现实困难，才能实现平稳过渡。这时辅导员要帮助学生解决现实问题，平稳度过学习困难时期，让学生后续的发展更加平顺。

## 专家点评

大学生生涯发展问题是现在大学生存在的诸多问题的根本原因所在。本案例有两个亮点：第一，从生涯发展的角度进行学生的思想政治教育、专业教育，使学生感觉距离比较远的教育内容更加贴近自身发展实际，更容易让学生信服。第二，解决好学生思想问题并不是问题的结束，学习成绩不理想是学生面临的现实问题，辅导员能周到考虑，为学生的生涯发展提供了保证。

——薛荣生（南京工业大学材料科学与工程学院学办主任）

# 搭建科创平台，引领成长成才

李有林①

## 案例简介

张某，大二学生，学习比较认真，成绩较好。在大一即将结束时竞选学院学生联合会科技部部长时，他针对学院本科生科技创新工作提出了比较理性和富于创新的想法，令辅导员和分团委老师印象深刻。但他在担任学联科技部部长后，虽然能协助团委老师积极组织学院的本科生科技论坛赛事，但自己却不想参与到科创课题的研究中去。通过交流，辅导员得知他对自己的科创能力持怀疑态度，认为自己做不好，准备等到高年级再尝试。同时，辅导员发现有不少和张某有同样想法的低年级学生都没有参与到科创研究中去。

## 案例定性分析

此案例反映的是部分低年级学生对于参加学院或学校科技创新活动信心不足的问题。

## 问题关键点

如何帮助张某树立对科技创新活动的信心，让自己起到示范带头作用？

## 解决思路和实施办法

第一，增强对科技创新活动的认知。辅导员利用张某是院学联科技部部长的角色，安排其整理前几届学院学生创新活动的材料、当前科创的激励政策、平台载体，同时安排其调查全院低年级学生参与科技创新活动的情况，从而增强其对科技创新活动的认知。

第二，提升对科技创新活动的信心。辅导员利用学院大学生菁英人才学校科创导师聘任和学员选拔的契机，初选了张某等30余名学生进行现场展示和答辩，并推荐学院著名教授作为其科创导师，极大地提高了张某参加科技创新活动的自信。

第三，丰富科技创新活动经验。辅导员组织了学院骨干学生经验交流会，特别邀请在“挑战杯”全国大学生课外科技作品竞赛中获奖同学为张某等低年级学生进行科创经验交流、指导。同时，要求学联科技部联系组织相关企业负责人来学院开设学生职业发展大讲堂，引导学生确立正确的职业生涯规划，明确科技创新能力在职业发展中的重要性。此外，学院组织了消防科技节、环境和安全知识竞赛等专业竞赛，积极动员低年级学生参与，丰富科技创新活动经验。

第四，积极参与校级科技创新活动。辅导员动员张某组队积极申报校大学生创新与实

---

① 李有林，男，南京工业大学城市建设学院辅导员。

验开放基金、校本科生科技论坛和校“创新杯”大学生课外科技作品竞赛。在项目酝酿、形成及答辩过程中，张某所在的科创小组对参赛作品进行多次修改，不断完善，终于形成了有一定创新性的参赛作品。通过参与一系列活动，低年级学生参赛的热情和积极性有所提高，参赛作品明显增多。

## 经验与启示

1. 大部分低年级学生渴望提升科创能力，但需要辅导员积极鼓动，有效引导，并提供实践平台。

2. 对于学生干部，要通过鼓励和创造机会让其主动组织各类活动和竞赛，不断提高其组织、协调能力，增强参加科创活动的信心。

## 专家点评

本案例中，辅导员针对大学低年级成绩中上等的学生，因学习方式和环境的转变而对参与科技创新活动没有兴趣以及有畏难情绪等情况，通过实例说明科创竞赛对于提升就业能力和机会的作用，让其树立信心，积极参与，帮助他们做好职业生涯规划，同时重视面上的宣传发动工作，树立榜样，带动和辐射其他学生，争取高水平专业教师的支持，运用多种资源搭建好各种平台载体，提高师生参与科创活动的积极性和科创水平，以引领大学生成长、成才、成功，不失为一个优秀的案例。

——严建骏（南京工业大学城市建设学院党委副书记）

# 做好新生入学教育,开启人生崭新航程

朱　皓[①]

## 案例简介

高中阶段,小红是一名各方面都十分优秀的学生。大学生活开始后,因为没有考上心仪的学校与专业,以及不擅长本专业所学习的专业知识,她变得消极懈怠。她处理班级事务时拖拖沓沓,不按时值班,班级活动既不组织也不参加。通过和任课老师交流还了解到,小红在课堂上很不积极,课后作业也不能及时完成。结果在开学后的第一次专业课考试中,小红考试不及格,排名全班倒数。

## 案例定性分析

该案例反映的是新生因高考失利而对大学学习、生活态度消极的问题。

## 问题关键点

如何帮助小红增强对学校和专业的认同感,积极主动地学习?

## 解决思路和实施办法

1. 加强学校和专业宣传,增强学生对学校和专业认同感。辅导员向小红介绍了学校过去、现在以及在世界自然指数的排名,告诉她学校师资力量雄厚,学科特色明显;她所学的生物工程专业是江苏省品牌专业和国家级特色专业,设有五个博士学位授权点,有一支院士带队的高水平高素质教师团队,具有非常明显的学科优势。辅导员还向她详细介绍了生物工程专业的培养目标、学习科目、就业方向、研究方向等,告诉她如果能够抛弃偏见,认真学习本专业,肯定能够有所收获。

2. 提供朋辈帮扶,携手共同进步。在和小红的交流中,辅导员了解到小红对自己要求很高,希望本科毕业之后能够继续深造。辅导员就此激励她只要努力,一切都有可能。辅导员还告诉小红,虽然她化学基础比较薄弱,但是可以通过课后自学来提高。为此,辅导员向她介绍了几位和她一样高中只学过物理、生物但是成绩依然很好的学长,叮嘱她有问题可以向学长们请教;同时,安排班委和化学成绩比较好的同学与她结成帮扶队伍,帮助她以及和她有相同情况的同学补习化学。

3. 加强家校协同,共伴孩子成长。辅导员主动联系小红的父母,就小红的情况进行了深入的交流。在了解到小红父亲的一位朋友在省内一家大型生物工程企业做主管后,辅导

① 朱皓,女,南京工业大学生物与制药工程学院辅导员。

员建议小红父母与小红聊聊现在生物工程企业的发展状况和前景，一起帮助小红提高对生物工程专业的认同感和专业自信。经过一段时间的观察，老师和同学都反映小红能够积极听课，认真完成作业，并且主动组织或参加班级活动，恢复了以前的开朗活泼。

## 经验与启示

1. 新生入学教育是新生过好大学生活的重要环节。大学新生刚入校，对学校特色难以了解，对所学专业容易从字面意思理解，特别是一旦发现所学专业与想象有差别时，就很容易产生迷茫甚至自暴自弃的想法。因此，在新生入学伊始，辅导员就要重视新生入学教育，举行学校和专业介绍、教授讲座、学长经验交流、参观实验室等一系列活动，帮助新生全方位、多角度、深层次地了解学校和专业，培养学生的自豪感和专业兴趣，使学生树立学校和专业自信，提高学生对学校和专业的认同感。

2. 辅导员工作要转换角色，以生为本。辅导员是学生的良师益友，是学生成才成长的主要辅导者，既要根据时代特点，紧跟形势，与时俱进，积极学习，也要转换身份、换位思考，从学生的角度考虑问题，这样才能获得学生的认可和拥戴，为学生思想政治教育工作的展开打好基础。同时，辅导员要寻找学生的闪光点，鼓励学生发挥特长，帮助他们在四年的大学生活中提高自身综合素质，更好地投入社会。

## 专家点评

新生教育是大学生成长成才服务体系的基础和入口。本案例中，辅导员把握时机、多元分析，定位学生的思想困惑和状态特征，集合同学、家长和社会多个方面联合育人，因势利导、因材施教，提升学生的专业归属感和自信心，让学生以更好的状态和能力投入到大学学习和生活中。

——周辉（南京工业大学党委办公室副主任、党委统战部副部长）

# “偶遇”聊天，重拾学习信心

吴雨婷①

## 案例简介

小左同学是电气1401班的学生，大一刚入学时学习态度端正，与同学相处融洽，表现良好。自大一上学期期中考试后，小左同学受到宿舍其他不认真学习同学的影响，上课开始迟到、早退，后来旷课也成了常态。大一上学期结束时，考试不及格门数达到7门之多，位列年级倒数第一。

## 案例定性分析

此案例反映的是大学新生学习目标不明确、学习动力不足，从而出现学习松懈、学习成绩一落千丈的现象。

## 问题关键点

1. 如何帮助小左端正学习态度？

2. 如何帮助小左树立学习信心，规划好大学生活？

## 解决思路和实施方法

1. 主动约谈。新学期伊始，辅导员主动约谈上学期考试不及格门数较多的学生。小左同学虽然学习成绩不理想，但是非常有礼貌，来到辅导员办公室后感到很内疚，不敢与辅导员对视交流。辅导员首先请他坐下，耐心地问起他的情况。小左同学出生在教师家庭，母亲是当地一所中学的副校长，从小到大对他要求非常严格，因此小左同学在高中时是别人眼中的优等生。上大学后因母亲不在身边及时督促，小左同学突然失去了方向感，不知如何安排学习和生活的时间，加之学习压力大，致使他一再受挫后对学习失去了信心。同时，因为他体型较胖、体育课成绩不及格，给他造成了巨大的压力，从此一蹶不振。在谈话的过程中，辅导员注意到小左同学虽然很懊恼，但还是表现得“云淡风轻”，一副满不在乎的模样，矛盾的心理一览无余。辅导员因此判断他是个自尊心很强的孩子。辅导员为了消除他的紧张感，首先笑着问他：“同学们是不是都说大学不挂科是不‘圆

---

① 吴雨婷，女，南京工业大学电气工程与控制科学学院辅导员。

满'？你如今7门课不及格，已经是相当'圆满'了？"他听后笑了。紧接着，辅导员很严肃地对他说，圆满的大学还包括拿奖学金、参加学科竞赛并获奖、参加公益活动和各级各类社会实践等，大学生活应该是充实且精彩的，绝不是受了一点小挫折就一蹶不振！辅导员鼓励他发挥高中时的学霸精神，实现绝地反击，让同学们刮目相看。当辅导员说完这段话后，小左的眼睛放光，一改之前萎靡的模样。很显然，辅导员的话触动到了他的内心深处。随后，辅导员乘胜追击，鼓励并且帮助他共同制定短期和长期的学习目标，短期目标是本学期实现零补考，长期目标是一定要拿到奖学金。小左攥紧了拳头，答应辅导员回去后好好上课，一定把落下的课程补上来。

2. 家庭合力。和小左谈话后，辅导员第一时间联系了小左的母亲。他母亲听说他的情况后很是吃惊，显然现在的孩子跟家长沟通都是"报喜不报忧"。第三天，他母亲就从老家赶到了学校。辅导员在让其母亲了解小左目前的各种状况和表现后，请他母亲有针对性地同小左进行了一次深入的谈心。经了解，母亲的到来给了小左同学很大的触动，似乎有了更大的信心。辅导员还建议他母亲经常和他保持沟通，至少每周通一次电话、每天发一条短信，让小左体会到身边所有的人都在关心着他。

3. 双管齐下。为了更好地让需要补考的同学顺利通过考试，辅导员给所有考试不及格的学生安排了"一对一"互助小组。每周辅导员都会从班长、学习委员、互助小组成员那里了解小左本周上课、学习的基本情况，如果有旷课情况出现，辅导员会及时了解原因、适时加以引导。每半个月辅导员会在小左下课的必经之路上等他，制造"偶遇"的机会，找他聊5～10分钟的近况，对他给予肯定和鼓励，让他感受到老师和家长都在关心着他，他不是一个人在补落下的课、不是一个人在孤军奋战。经过几次的"偶遇"后，小左同学每隔一段时间就会主动来找辅导员汇报近况，遇到学习上的困难时会第一时间寻求辅导员的帮助，辅导员耐心帮他分析，给予最中肯的建议。经过一学期的努力，小左同学在下一学期的期末考试中，所有课程都及格，实现了短期目标，他还在朝着长期目标不断努力。在最近一次的交流中，辅导员得知他准备报考东南大学的研究生，并表现出了空前的信心。

## 经验与启示

1. 用耐心、爱心、恒心帮助学生树立信心。对于辅导员而言，每一个学生都是需要关心呵护的孩子，他们的内心比较脆弱，需要"存在感"。老师要及时发现问题，耐心分析问题，并开导他们直视问题，努力及时解决问题。老师要有爱心和包容之心，不能将犯错误的学生全盘否定，要相信他们有改过自新的愿望和能力。老师还要有恒心，即使学生不能很快改正错误，也需要持之以恒地帮助他们渡过难关。

2. 巧用手段制造"偶遇"。20多岁的男生正处在自尊心膨胀时期，辅导员处理问题不能简单粗暴，要符合他们的成长规律。在此案例中，辅导员制造"偶遇"的谈话机会，既达到了了解情况的目的，也没有让学生感到刻意，消除了戒备心理，拉近了与学生的距离，提高了教育的效果。

## 专家点评

刚进校的大学生对学习、生活缺乏明确的目标，实际上是其人生价值观不明确或者对自己的人生目标缺乏正确定位的体现，如不能加以正确引导而任其自由发展，将会导致大学生产生心理障碍甚至人格扭曲。本案例中，辅导员针对学生因缺乏学习动力导致学习成绩下降的问题，正确分析原因，对症下药，帮助学生制定科学的长、短期学习目标，不失为一个优秀的案例。

——季宜敬（南京工业大学电气工程与控制科学学院党委副书记）

# 迷途生的返航

朱书卉[①]

## 案例简介

小王同学大一时各方面表现很好，学习成绩优异。从大二加入学校篮球社团后，他沉迷于篮球，经常旷课，同学和老师经常联系不上他，当面问他本人时，他都说在打球，手机不在身边。老师多次找他谈话，教育其要按时上课，认真学习，并让他写了保证书。在那之后的一段时间内，小王的情况有所好转，但是没过多久他又开始懈怠。因为旷课课时数较多，经学院办公会研究，并与其家长沟通后决定，给予小王同学严重警告处分。在期末考试中，小王3门功课不及格，学业平均绩点低于2.0，成绩由刚开始的前几名滑落到专业倒数。小王也因此情绪低落，对未来感到迷茫。

## 案例定性分析

此案例反映的是学生因沉迷于社团活动，不能合理协调学习和兴趣爱好之间的关系而导致学习成绩下降和违反校纪校规受到处分的问题。

## 问题关键点

1. 如何帮助小王合理地平衡学习和兴趣爱好之间的关系问题?

2. 如何帮助小王重拾信心，找回入学之初良好的学习状态，树立正确的发展目标，取得优异成绩?

## 解决思路和实施办法

1. 真诚相待，给予关怀。在小王因旷课受到处分前后，辅导员多次找他沟通，在批评教育之余给予真诚的关心，耐心地指导他如何平衡兴趣爱好和学习之间的关系。辅导员告诉他，学习是首要任务，大学生仍然要以学为本，任何社团活动都必须是在保证学习的前提下开展，否则就是本末倒置，学习和兴趣都不会有收获。在和小王谈话时，辅导员注意观察小王的反应，看其是否真正理解老师的话、能否听到心里去。

2. 分析个性，发现闪光点。在与小王几次约谈之后，辅导员主动找到小王的同学、朋友，了解小王平时的生活、学习情况。辅导员发现，小王其实是一个很有才的学生，他爱好广泛，书法、手工制作都很擅长，篮球也打得很好。掌握这些情况之后，辅导员再次找到小王，从他的兴趣爱好入手，主动询问并和他分享在打球的时候想要赢球的心理状态，小王逐渐对

① 朱书卉，女，南京工业大学2011学院辅导员。

辅导员放下戒备并慢慢产生了信任。在这个过程中，辅导员非常注意沟通的语气和方式，一步一步拉近与小王的距离。辅导员从分析导致他学习下降、受到处分的爱好出发，联系到同样需要认真准备、才会有所收获的学习上来，让小王能够主动意识到学习和爱好之间的关系。

3. 对症下药，助其自律。针对小王旷课的情况，平时每节课辅导员都去教室看他是否在上课，是否坐在前排，是否认真听讲。同时，在班级中让班委关注小王的去向和动态，一旦发现小王有不好的苗头，立即与其交流谈心。经过了约一个月的时间，小王彻底变了，大部分课余时间都在教室里自习，上课也非常认真。在此过程中，辅导员将制度约束和关心教育相结合，软硬兼施，帮助小王分析旷课后果、制定学习计划。

4. 做好规划，重拾信心。辅导员引导小王参加学院组织的创新创业训练营，给他提供场地和硬件设施，鼓励他发挥特长，并让他带队参加省级创新创业大赛，结果小王所在团队出人意料地获了奖，这对小王来说是一个极大的鼓励和触动。同时，辅导员让他利用少量课余时间参加校级篮球赛，并与他的带队老师沟通，多给他上场机会，最终他所在的篮球队进入了学校前三名。通过这两件事情，小王重新找回自我，树立信心，拥有了面对未来的勇气。

## 经验与启示

1. 全面收集信息，掌握学生各方面的情况。在与学生谈心前，要整合各方面的信息，充分了解谈话对象的基本情况，逐渐发现学生的问题所在，并及时找到解决的办法。

2. 善于发现问题学生的闪光点。采用激励教育法，从他们的闪光点入手，尽快找到和学生的共同语言，这样才能让学生感受到老师的帮助，进而接受老师的意见。

3. 通过辩证的方法帮助学生分析利弊。对待迷途的学生，不能一味地给予同情，要让他们真正意识到事情的严重性，同时帮助他们制定好规划，走上正确的学习之路。

## 专家点评

大学生入校后不能正确处理学习和兴趣活动之间的关系的情况屡见不鲜，如果不加以正确引导，将会导致学生成绩下降甚至影响毕业。本案例中，辅导员针对学生沉迷兴趣爱好而忽视学习的现象，通过谈心、心理分析、激励教育等方法，帮助学生找回自信，重新找到学习目标和动力，不失为一个优秀的案例。

——眭国荣（南京工业大学 2011 学院党总支书记）

# 用心铺就学生成长的道路

黄丹枫[①]

## 案例简介

崔同学于2012年入学，大二时因创业休学一年，后来因创业失败提前复学编入2013级学习。崔同学复学后，学习状态一直不好，任课老师反映他经常旷课。辅导员多次提醒、批评，该生学习态度还是没有好转。在大二第一学期结束后，该生因学习成绩差而受到学业警示。

## 案例定性分析

此案例反映的是大学生休学之后的学习动力不足、学习倦怠问题。

## 问题关键点

1. 如何帮助崔同学转变学习态度？
2. 如何帮助崔同学重塑信心、主动学习？

## 解决思路和实施办法

1. 通过约谈，建立信任关系。辅导员主动约谈崔同学，在交谈之初，辅导员表示自己不是以老师的身份来教育他，只是希望能帮助、引导他对自己有个全新的认识。对崔同学以前的学习表现辅导员表示认可，对他的创业经历希望他能跟辅导员分享一下。通过交谈，辅导员发现他大一时为人做事很有激情，学习也挺认真，后来结识几个有创业意向的朋友，再加上他自己也想让自己在大学期间有些不同寻常的经历，在征得家人同意后办理了休学手续，和朋友们一起出去创业。他告诉辅导员，创业的路很艰难，不仅是因为他们几个人的知识面窄，更多的是因为他们几个都涉世未深，社会经验不足。在经历了创业失败后，他决定好好珍惜在校时间，不断丰富充实自己，于是他决定提前复学。辅导员对他的复学之举表示认可，并告诉他，其实他是一个非常有上进心的同学。通过交流，辅导员得知崔同学对自己目前的状况也表示不满意。崔同学说，虽然他学习成绩不好，但是他认为他的时间还是过得很有意义，比如他待在宿舍会看些自己感兴趣的书籍，也会上网学习些感兴趣的课程，每天晚上还会坚持跑步。辅导员对他的这些做法进行了肯定，并请他回去好好想想要不要改变目前的状态，如何改变，想好之后再来与辅导员交流。

2. 引导自我探索，深度启发心灵。一个星期之后，崔同学主动来找辅导员，说自己还是

---

① 黄丹枫，女，南京工业大学机械与动力工程学院辅导员。

想在学校读完本科，只是自己有些浮躁，又没自信，经过这次学业警示，他就更不知所措了。为了帮他重拾自信，辅导员运用自我探索法帮助他认清自己并找到方向和目标。通过自我探索，崔同学发现自己身上有很多优点，比如能坚持不懈，英语基础不错，人际关系很好等。他说只要是他认定的事情，他就能很认真地努力下去。辅导员告诉他，只要愿意脚踏实地地去努力，学习就不会成为问题。

3. 结果导向，聚焦困惑。辅导员通过焦点解决短期心理问题的方法，引导崔同学说出自己想要的结果，再引导他倒推自己眼下该怎么做才能达到自己的预期目标。通过这种方法，他发现自己之前在学习上根本没有下定决心，也就没有行动力。他告诉辅导员，其实创业失败对他影响很大，也因此影响了他的学习。现在，他想明白了，复学是给自己一个成长的机会，不是逃避现实的手段，既然复学，就要努力抓住在学校的每一分每一秒，从眼下开始努力，让自己的羽翼变得丰满有力，以便他日展翅翱翔。后来，崔同学参加了全国英语比赛，并在下一个学期的综合奖学金评比中获得了二等奖。

## 经验与启示

1. 辅导员要和学生建立平等的朋友关系。辅导员在学生面前，有时候要有威严，有时候又要放下身段，与学生成为交心的好朋友。当学生正经历困难期的时候，辅导员不能仅仅进行批评教育，而要立足于找到问题的根源；对于正处在迷茫的学生来说，有时候他们自己做的错事可能并不是他的本意，也有可能是受其他因素的影响而造成的。因此，辅导员要从学生的真正需求出发，去关心和爱护学生。

2. 思想政治教育要着眼于帮助学生解决问题。对于问题学生，辅导员在批评教育之时，不能抓着表象不放，而是要引导学生将内心的烦躁和不安倾诉出来，从中找出出现问题的根源；在引导学生寻找根源时，要善于运用自我探索的方法。辅导员要根据学生行为表现之后的根本矛盾，和学生一起聚焦，寻找合适的方法解决。

## 专家点评

案例中的学生在经历了一年的休学期后，尤其是在经历了创业失败后，心理难免发生一些变化。辅导员在面对该生的时候，立足于深挖他不学的真正原因，找到突破口，运用一些思想工作的辅导技巧，让学生从情感上信任辅导员，并说出自己的不安和浮躁。通过辅导员的引导，该生最后走出了困境，并逐渐成为一名优秀的学生。辅导员灵活运用焦点解决方法解决学生心理和思想问题，值得借鉴推广。

——孙宇（南京工业大学机械与动力工程学院副书记）

# 教育管理篇

# 聚焦班级宿舍，释放集体育人功效

辅导员是开展大学生思想政治教育工作的骨干力量，是高等学校学生日常思想政治教育和管理工作的组织者、实施者、指导者。作为大学生的直接领导者和管理者，辅导员承担着大学生党团组织建设、班级组织建设和学生日常事务管理的职责，是联系学校和学生的桥梁与纽带，在高校的教育管理中起着重要作用。

在辅导员的教育管理工作中，管理的主体是辅导员，管理的对象是学生组织和学生个体，管理的目的简要来说是促进学生成长成才。辅导员的管理对象是复杂的，既有党团组织、班级组织、宿舍组织，也有思想多元、个性张扬的新时代大学生个体；辅导员的工作内容是多面的，既有学生骨干遴选、培养、激励等党团组织、班级组织建设工作，也有开展服务和教育、提供生活指导等日常事务管理工作。

做好大学生教育管理工作，学校有宏观的指导，辅导员有实践的案例。

在学校宏观指导上，坚持把规范化、精细化、个性化贯穿到学生教育管理全过程，不断提升管理科学化水平。一是坚持整体性、多样性和相关性原则，做到目标同向、工作同力、落实同步，推进各项工作规范化；二是坚持注重细节，做到每项制度精确定位、细化责任和量化考核，用爱心、细心和精心面对每一位学生，推进学生管理精细化；三是坚持人本主义，遵循学生的特点和个性特征及发展需求，鼓励辅导员创新工作，积极探索学生教育管理个性化有效路径。在此基础上，学校针对大学生成长不同阶段表现出来的个性特点，大力推进分级教育管理模式。具体来说，对大学一年级学生开展适应性教育，重点引导学生形成良好的学习习惯和学习方法；对二、三年级学生开展发展型教育，重点帮助学生树立良好的学业发展目标，做好职业规划，提升能力素质；对四年级学生开展分类化教育，重点强化学生学习分类指导，为实现职业规划做好最后冲刺；对研究生开展创新性教育，重点引导研究生科学研究和学术创新，并在“本研一体化”过程中推进研究生和本科生“双发展”“双成长”。

他山之石，可以攻玉。本篇中收集整理的典型案例，是每位辅导员日常教育管理工作的生动体现，也是践行规范化、精细化、个性化理念的必然结果。在这些案例中，谈到“班级凝聚力”问题，启示我们班级凝聚力的重点是在帮助班级成员树立发展目标，强化学生集体荣誉感；谈到“班干部成长”问题，启示班干部同样是成长中的学生，我们要在学业、工作上及时对其予以关注并具体指导；谈到“违反校纪校规行为”的处理问题，启示我们处分不是目的，要通过谈心谈话走近学生，深刻剖析问题产生的内在原因，并举一反三，防微杜渐。更多的案例集中在大学生宿舍矛盾和人际交往的冲突方面，这提醒我们，由于成长阶段、思想特点等原因，新时代的大学生往往会因地域、生活习惯、个体性格差异而出现宿舍人际关系紧张的问题，这需要我们及时关注，深入细致地了解问题发生的原因，既不能随意调换宿舍，也不能武断地拒绝调换宿舍，应从学生成长着眼，从心理疏导入手，发挥学生骨干的积极作用，努力做学生的知心人和引路人。

道不远人，学无止境。学生教育管理工作是科学，也是艺术。为做好大学生教育管理工作，我们要将原则性和灵活性相结合，将爱学生和管学生相结合，将抓重点和用骨干相结合，将树高线和守底线相结合。在此，希望读者能将这些宝贵经验运用到工作实践中，守好一段渠，种好责任田，为学生成长成才贡献自己的力量。

# 班风建设，从低年级班干部抓起

李有林[①]

## 案例简介

刘某，大一新生，因军训期间表现较好而在民主选举中当上班长。进入大一学习后，他在工作上比较积极肯干，联合其他班干部组织了一些班级活动，深得同学好评，有点一呼百应的架势。但是，在大一高数和无机与分析化学期中考试中，他都不及格。辅导员在和他交代班级事务时也进行了学习方面的交流，提醒他大学里成绩是非常重要的评价标准，他强调刚上大学还没完全适应学习的新节奏，没有完全转变学习的新方法，而且他觉得当班长以来收获很大，能力有了很大的提升，跟辅导员表示会在下一次期末考试打一个翻身仗。但是，辅导员从他的言语中感受到他仍然没有意识到成绩的重要性，对应该努力的方向和目标很模糊，或者说根本就没有目标。果不其然，大一第一学期期末考试那两门依旧挂科，他的心情非常沮丧，在给辅导员递交班级相关材料时流露出不想做班长的想法，成绩上的落后对他自信心打击很大，很多上传下达的工作直接甩手给副班长做了。第二学期刚开学上课时他总坐在后排，甚至有时干脆不去上课，而去网吧的次数明显比第一学期多了，该班的班级风气和凝聚力明显不如第一学期。

## 案例定性分析

此案例反映的是低年级班级中有一定影响力的学生干部，因种种原因成绩不理想，对班级风气产生了负面作用等问题。

## 问题关键点

1. 如何采取措施帮助刘某逐渐改正他自身错误的和不成熟的观念和行为，让其树立清晰的目标并为之奋斗？

2. 如何以此为契机，对班级其他同学起到警示和号召、对班级风气起到转变风向的作用？

## 解决思路和实施办法

刘某作为主要学生干部在入学初就在班级建立了良好的人际关系，展示了一定的组织能力，他的言行举止对其他同学的影响示范以及对整个班风的导向作用非常关键。虽然其本人暂时因为种种原因成绩不理想，甚至开始出现上网、逃课等现象，但不算严重，此时采取

---

① 李有林，男，南京工业大学城市建设学院辅导员。

措施扼杀这种不良现象于萌芽中，对其本人进行纠错和引路，能对班级其他同学起到警示作用、对班级风气起到转变风向的作用。

辅导员约谈刘某反馈如下：① 他高中学的是文科，是文理兼招进入工科专业的，所以高数，化学等理科科目基础不好；② 他一直认为进了大学就解放了，学习不用太辛苦，导致他忙于班级事物而没有专心学习，有时为了和同学搞好关系有“共同语言”，也跟着去网吧打游戏，甚至有旷课等情况；③ 他家庭比较贫困，需要在外做兼职贴补生活费，这也在一定程度上影响了学习。

辅导员有针对性地对刘某进行了分析和帮扶。

首先，辅导员认同刘某说的文科生学理工科专业比较吃力的想法，但这绝不是他挂科的理由，告诉他不能因为学不好而放弃，这对他没有任何好处；之后，辅导员找到与他情况类似、但凭借自己的努力最后拿到特等奖学金的学生，现身说法，消除其负面心理暗示。

其次，辅导员在班委会、班会、宿舍谈心等过程中强调，在大学里如果没有一定的学习成绩作为保证，即使能力再强，也不可能服众，况且从奖学金的综合测评上也可以看出，成绩和中学一样要排名，成绩是衡量大学学习生活工作的核心标准，学习并不轻松。辅导员告诉他，一定要树立短期和长期的目标，适当把目标定高一点，即使努力了没达到，至少还有一定的进步。另外，要坚决摒弃为了和个别同学打成一片而放纵自己去泡网吧的恶习，这种行为损人不利己，而且辅导员警告他，对于旷课等违反校纪校规行为，老师肯定一视同仁，严惩不贷，绝不因为他是班长而姑息。

再次，考虑刘某家庭比较困难，辅导员向学院申请给其发放困难补助。在因为成绩免去他的班长职务后，安排他做辅导员助理，并联系食堂让其做兼职，使他节省了课余跑校外的时间，解决了他的燃眉之急。在他做辅导员助理时，辅导员监督其学习，亦师亦友，和他交流自己上大学时和其他一些学长的经验教训，通过具体事例说明在人生经历转折时，一句善意的提醒、一次严肃的批评真的有可能改变人的一生。

另外，辅导员加强对新任班长的工作指导，建议班长团支部对班级工作坚持放手而不撒手、统揽而不包揽的原则，将工作合理分工给全体班委。经过指点，班委都能够以身作则，既调动了全体班委的积极性，让每位班委在学期述职时对本职工作都有话可说，又让班委对班长怀有感激和信任之感，班委自身的组织领导能力得到更进一步的提高，班风建设得到了加强。

## 经验与启示

1. 大一阶段抓好班级主要学生干部对一个班级优良班风、学风的建立可以起到事半功倍的效果。大学初始阶段大部分学生因为对大学缺乏了解，对周遭事物充满好奇、疑惑，自身言行在摸索和探究中会不知不觉去模仿其他人以适应新的环境。作为班级主要学生干部因为经常上传下达和组织班级活动，在班级同学中曝光率是最高的，他们的带动性不言而喻。

2. 对于犯错误的学生和出现不良情况的现象，不要先入为主地去全面否定，应辩证分析，因材施教，对症下药，而这一切都建立在对个人情况比较了解、对班级总体能够掌控的基础上。这就要求辅导员要与时俱进，正确认识当前形势下大学生不同于以往的特点，在思想政治教育过程中需要有新的视角。

3. 在和学生沟通时要掌握一些方法和技巧，一味地用高大上的道理去简单灌输肯定不行，要在言语、情感上融入他的内心，告诉学生在成长和成熟的过程中犯错误和付出代价是正常的，但长辈、老师和优秀学长的建议需要听，这样可以少走一些弯路。

4. 在教育学生的同时，辅导员应力所能及地给予学生一些帮助，让学生感受到老师对他的深切关心，增进师生之间的理解和信任，使学生逐渐转变不成熟的观念和行为，树立清晰的目标并为之奋斗。

## 专家点评

低年级的班级整体可塑性较强，对于有一定群众基础和威望、但存在缺点的主要班干，其自身的学习态度和行为习惯是否起到表率作用以及做班级工作是否得法很大程度上决定了这个班集体的班风学风走向，必须抓好抓牢抓实。本案例中，辅导员针对这个有代表性的点，恩威并重，正确引导，把不利因素转化成有利因素，让学生先从思想上正确认识，继而在行动上作为楷模来带动同学一起进步，不失为一个优秀的案例。

——严建骏(南京工业大学城市建设学院党委副书记)

# 用情化解女生宿舍人际矛盾

徐元龙[①]

## 案例简介

上学期期中的一个深夜，辅导员突然收到药学2014级小燕同学的短信："徐老师，您好！我们宿舍实在是待不下去了！我不能再与小静住同一个宿舍，求您帮我们调换宿舍吧！"小静平时是个比较文静的女生，究竟发生了什么事呢？就在辅导员还没考虑好怎么来处理这件事情的时候，一阵急促的电话铃声打断了辅导员的思绪，小静在电话里哭哭啼啼地向辅导员诉说她在宿舍里的遭遇：被其他三位同学冷落、被指责不遵守宿舍规定……

## 案例定性分析

此案例反映的是女生宿舍因人际关系紧张而引起的矛盾问题。

## 问题关键点

1. 如何帮助小静室友在今后的生活中接纳小静？
2. 如何指导小静同学在宿舍中处理好人际关系？

## 解决思路和实施办法

1. 及时约谈，找到问题根源。接到电话第二天，辅导员对该宿舍全体成员进行了逐个面谈。经过面谈了解到，小静进入大学后一直很自卑，除了学习以外，其他活动几乎都不参加，在晚上熄灯后还坚持学习，但不注意轻手轻脚，长时间下来引起舍友不满。小静在大众场合性格比较文静，但在宿舍中常有发脾气的现象，常因生活习惯问题与室友发生口角，昨天晚上矛盾终于爆发。辅导员立足于让矛盾在宿舍内部解决的原则，做了大量的调查、调解和谈心工作。

2. 共情润心，敏锐观察。不能轻易调换宿舍，这是基本原则。问题的症结找到之后，辅导员分别找4位当事人谈心，并以亲身经历教育她们，退一步海阔天空、忍一时风平浪静，希望她们都能以宽容的心包容对方。在谈话过程中，辅导员发现小燕、小静以外的两位同学因为跟小燕是省内老乡，关系比较要好，这两位同学对调换宿舍其实是无所谓的态度，甚至流露出其实并不想搬宿舍，只是因为她们跟小燕走得比较近，不好意思帮与小燕对立的小静讲话。在这些细微的观察中，辅导员认识到矛盾并不像小燕同学讲得那么严重，有可能是小燕反应过度，太过敏感。

---

① 徐元龙，男，南京工业大学药学院辅导员。

3. 正面引导，真诚感化。小燕和小静因为生活琐事严重影响了她们的身心健康。辅导员想到了该宿舍大厅厅长小晴，她现在已经是入党积极分子。通过和小晴谈心，辅导员得知她也不能理解小静这种不遵守宿舍约定的行为，但也不想介入别的宿舍的事情。在辅导员多次动员谈心后，小晴表示愿意在宿舍帮助小静改掉一些影响他人休息的行为。小静在这个过程中认识到了老师的良苦用心，很受感动，承认自己专注学习时会有一些不良习惯，以后会在写字台面上贴上提示语，并尽量与舍友作息时间同步。小燕同学也表示今后将调整心态，对小静的学习状态少关注，降低敏感度。目前，该宿舍成员之间关系一直处于比较良好的状态，大家互相协作，正努力创建文明宿舍。

## 经验与启示

1. 不能简单看待宿舍人际关系矛盾。近年来，在高校宿舍中出现的各种恶性事件给大学生宿舍人际关系亮出了“红灯”。一般来说，大学生人际关系比较单纯，在个人行为习惯、人格特征存在较大差异的同学之间不可避免地会产生矛盾，如不能正确处理好与室友的关系，将造成不必要的争吵，甚至会因为小小的矛盾而造成身心的伤害。

2. 不能将调换宿舍作为解决宿舍矛盾的手段。学生在面对宿舍矛盾时首先想到的解决方案就是调换宿舍。从辅导员角度来讲，一定要顾及大局，调换宿舍只是回避矛盾，并不能彻底解决问题，需要从思想、心理健康、党建等多维协同，瞄准源头解决问题，并在此过程中拉近师生距离，增强学生对辅导员的信任感，便于今后其他各项工作的开展。

## 专家点评

大学生的生理和心理特点，决定了大学生宿舍人际关系的复杂和微妙。本案例中，辅导员在宿舍人际关系矛盾的处理中，本着帮助学生的态度，与学生在情感上建立一种朋友式的信任关系，客观公正地解决问题。同时，注意利用多种渠道解决问题，引导学生创建和谐宿舍，帮助大学生培育健全的人格和健康的心理。

——张琪（南京工业大学药学院党委副书记）

# 立威树信，让班委找回工作受挫后的信心

路 遥[①]

## 案例简介

小张同学是某班班长，平时工作勤勤恳恳，热情为同学服务。每年9月，是困难生进行资格评定的时候。本次评定工作由班长小张牵头负责，由于名额有限，竞争异常激烈。在评定结果出来后，不少同学对评定结果表示不满，私下议论纷纷，认为班长小张有暗箱操作的嫌疑，甚至有同学在班级群里匿名发表指责小张的言论。小张感到非常委屈，工作积极性受到打击。

## 案例定性分析

此案例反映的是困难生认定等日常工作不当引起的班干部受挫问题。

## 问题关键点

1. 如何确保本次困难生认定公平公正，使全班同学信服？

2. 如何引导小张正确对待工作中的挫折，树立工作信心，重新以积极的热情投入班级工作？

## 解决思路和实施办法

1. 主动约谈，建立信任。发现小张工作热情和积极性受到打击后，辅导员主动询问其个人情况，并与他约定具体的谈话时间和地点。在与小张的谈话过程中，辅导员与小张一起共同回顾其在担任班长以来各方面的优秀表现，特别是他在一些重要班级活动中展示的组织管理能力和取得的公认成绩。

2. 认真倾听，适当共情。在回顾以往成绩之后，辅导员认真细致地倾听小张的表述，让他把心中的委屈充分释放出来。在倾听中，辅导员细心察觉小张的神态、语言和坐姿所发生的种种细微的变化，及时进行适当的正面安抚。

3. 了解实情，加以引导。除了与班长小张谈话之外，辅导员与其他班委和普通同学代表也进行了谈话，了解本次困难生认定的程序、流程是否公平、公正、公开。

4. 召开班会，举一反三。在整个事情基本调查清楚之后，辅导员适时召开班会，向全班同学说明事件的起因、处理过程和结果，引导全班同学对困难生认定的相关程序、流程进行再学习，树立按规定办事、按流程办事的意识。同时，加强对全班同学媒介素养和维权意识

---

① 路遥，男，南京工业大学电气工程与控制科学学院辅导员。

的教育，让他认识到不能通过匿名发帖等形式来发表意见，可以通过其他正常、合理、有序的途径进行正当诉求。

## 经验与启示

1. 在处理有关同学切身权益的问题时，不要只听信一方的意见或言论，不能站在同学的立场上一味地批评班长或站在班长的立场上一味地批评同学，而应充分了解事件的起因和实情，从而有助于做出正确、全面的判断。

2. 对于因此类问题导致班委工作受挫的问题，要在肯定其过往成绩的基础上给予适当的安抚，帮助其找出问题、找回信心。班长作为班级的主要干部、作为辅导员的得力助手，辅导员平时要对其工作给予及时的关心和指导，帮助其树立威信，对其在工作中出现的一些问题要有宽容之心，帮助其树立自信、成长提高。

3. 要加强对班级同学舆情了解和诉求反映渠道的教育。平时可以通过“辅导员与你面对面”“班级同学座谈会”等形式，加强与学生的沟通和交流，及时了解同学的思想、学习、生活动态，以便在出现问题时早发现、早处理。要畅通同学反映自身诉求的渠道，引导同学利用正常、合理、有序的途径反映自身诉求。

## 专家点评

困难生评定工作，是高校辅导员日常工作之一。这项工作一方面直接影响到国家对高校学生资助资金的流向和学生的实际物质利益；另一方面也影响辅导员日常管理工作的开展，认定结果是否公开公正，影响辅导员、主要班干部在学生心目中的认可度。本案例中，辅导员针对班长因困难生认定工作受挫的事实，通过安抚情绪、了解实情，做到不偏不倚、对症下药，同时通过整个事件的解决，在全班同学中收到了举一反三的效果。案例以小见大，起到了良好的教育作用。

——季宜敬（南京工业大学电气工程与控制科学学院党委副书记）

# 以生为本，用心打造优秀班集体

程晓丹[①]

## 案例简介

机械学院某班级在新生入学后班级同学普遍具有活力，对新鲜事物尤其是大学生活充满憧憬。但面对学习和生活环境的改变，他们面临着重新融入新的群体、重新建立新的人际关系的问题，尤其是同学对班级的责任感、使命感和归属感不够，具体表现在：① 班级建设目标不明确，班级没有形成完善的建设体系，对于班级的发展方向没有明确的规划。② 班级缺乏凝聚力，学生缺少团队意识和合作精神。部分学生过分强调自我，遇到问题从自身利益出发，不考虑集体利益；有些同学对班级事务不感兴趣，不积极参加班级各项集体活动。③ 以宿舍代替班级，阻碍了大学生之间的整体沟通。班级开展活动或者聚会时，同学们通常也是以宿舍为单位形成明显的小集体。

## 案例定性分析

此案例反映的是班集体缺乏凝聚力的问题。

## 问题关键点

1. 如何有效发动同学，制定班级建设长期、中期和短期目标？
2. 如何构建班级文化和班级建设长效机制？

## 解决思路和实施办法

1. 着手建立班级建设目标和措施。问题出现后，辅导员立即指导班委发动全班同学召开班会，引导大家认识班风对于个人成长的重大意义，引导同学研讨班级建设目标。辅导员鼓励他们在大学四年应不断地充实、完善自我，如争取获得校内外奖学金、参加学生社团组织锻炼综合能力、积极入党、进行学术创新、参与校内外各类文体学科竞赛等。在班级建设方面，辅导员引导他们以创建优质特色班级为己任、制定班级制度、争取获得各类集体荣誉、提高四级通过率、降低补考率、开展多种多样的文体活动等。这些建设目标和发展模式的确立，使得班级同学有了共同的奋斗理想，形成较强的凝聚力、感染力，为创建优秀班集体奠定了良好的基础。

2. 增加班级成员的存在感。一方面，辅导员选拔作风正派、乐于为同学服务的班委会，依据能力、特长的不同安排合适的工作岗位，并在工作过程中给予相应的指导和监督，使得

---

① 程晓丹，女，南京工业大学机械与动力工程学院辅导员。

班委能够有效地开展工作，形成应有的影响力。另一方面，辅导员想办法用激情和热情去感染学生，主动关心学生的成长成才，培养他们在温馨融洽的氛围下学会关心人、体贴人、帮助人、温暖人，让同学们深刻感受到自己是班级不可或缺的一部分，营造和谐的班级氛围。

3. 构建班级文化和班级建设长效机制。辅导员大力加强班风建设，从学习风气、素质拓展、组织纪律和文明素养等方面引导学生，主要是培养他们正确的学习态度和方法；指导他们开展思想政治教育、学术创新、社会实践等，强调遵守相关校纪校规，培养他们良好的生活习惯、作息制度和积极向上的精神状态。所有这些加强班风建设的措施，使该班级形成了独特的班级文化。同时，指导学生制定和落实班级规章制度，以学校规章制度为前提和依据，根据本班特点，体现时代要求。通过班委工作制度、寝室卫生检查制度、奖学金评定制度、贫困生资助制度、班级事务公示制度等一系列量化考核制度的确立，为班级学生自主管理、自我提升以及责任意识的养成，提供完善的制度保证。

4. 以特色活动为载体，强化班级凝聚力建设。辅导员鼓励班级在不影响正常学业的前提下尽量多地开展丰富多彩的文体活动，如团日活动、主题班会、志愿服务、各类竞赛等。这些活动的开展，提高了每个人的团队意识和对集体的信任感；锻炼了每个人在不同角色中的随机应变能力；培养班级成员相互配合、服从命令的素质。班集体在活动中凝聚人心、强化力量，潜移默化地提高了同学的集体意识，增强了班级的凝聚力。

## 经验与启示

1. 充分挖掘，激发潜力。“90 后”大学生思想活跃、充满朝气，具有冒险性、好奇性、想象性和挑战性，但组织性和纪律性尚不成熟。如果对他们进行合理的引导，便可以充分激发他们的潜力，激发正能量，创造出更大的成绩。

2. 用心去想，有心去做。首先，任何一项工作的开展最终要达到什么样的目的，是辅导员要用心考虑的问题；其次，辅导员对工作的高度重视是激发学生参与热情、调动学生主动性的重要因素，辅导员的鼓励和支持就是对同学最大的激励。

3. 分工明确，群体参与。开展任何一项工作，都应该建立相应的机制，明确职责，要避免少数班干部一手包办的情况出现。同时，要动员全体同学积极参与到各项工作中去，这样才能达到凝聚力量、全面建设的目的，保证工作的顺利开展。

4. 投身其中，指导监督。为了充分发挥同学们的积极性、主动性，辅导员应作为班级的一个成员，积极地参与到班级建设中，让自己真正融入班级。但要注意更多的是参与，而不是干预，辅导员应作为幕后指挥，以一个伙伴的角色通过沟通、建议等途径进行引导和监督。

## 专家点评

班级是同学们温暖的大家庭，是高校培养优秀学子、提高大学生科学文化素质与思想政治修养的重要阵地。班级建设的优良程度将会直接影响同学们的学习与生活。本案例中，辅导员针对班集体缺乏凝聚力的问题，在班级制度建设、思想建设、文化建设、集体活动等方面加强引导，重点突出，帮助班级成员树立明确的目标，并在追求目标的过程中引导班级成员相互帮助、和谐相处，具有很好的借鉴意义，不失为一个优秀的案例。

——孙宇（南京工业大学机械与动力工程学院党委副书记）

# 认清自我,让阳光照进受挫班委的心田

刘　雪[①]

## 案例简介

小李同学在军训期间担任了班级的临时联络人,并且积极主动地完成各项学生工作,在竞选班委时根据班级投票担任了班级的文艺委员。因为竞选目标是班长,而实际担任了班级委员,小李同学的工作热情降低,对于班级活动不是那么热心了,不仅没有尽到文艺委员的责任,反而造成了动脱离群体的负面影响。同学们普遍反映小李没有以前那么活泼友善了。

## 案例定性分析

此案例反映的是学生因自我认知与实际存在差异,不能及时自省、转变心态导致的学习成绩下降、生活态度不积极等问题。

## 问题关键点

1. 如何帮助小李正确认识学生干部的职责和意义?

2. 如何引导小李树立自信心,建立健全的人格,以积极阳光的心态投入大学生活中?

## 解决思路和实施办法

1. 广泛调查,增加了解,确定原因。辅导员向小李所在班级的新生助理以及班长、团支书了解班委竞选的具体情况;询问同寝室室友小李的日常生活时间安排、对于班级活动的态度以及对于竞选结果的态度;了解小李是否与班长或者其他班委有误会或者隔阂,是否产生过矛盾以及矛盾的原因;听取同学们对于小李的评价,从性格、经历、心态等方面对小李进行全面的了解。

2. 主动约谈,拉近关系,取得信任。辅导员主动约谈小李,肯定他在担任班级临时联系人期间的工作能力和成效;听取小李对于学生干部的认知,以及对集体活动的认知;详细了解小李是否是因为对学生干部职位的片面认知,以及对竞选制度的不理解而造成的心理抵触;用轻松的交谈方式让小李表达真实的想法。通过沟通,辅导员对小李的心理进行剖析,对于困扰小李的问题做出了内外因的综合分析。

3. 合理分析,引导认知,树立自信。第一,辅导员结合学院往届的班级干部工作实例,向小李全面分析学生干部所应该承担的责任与应该秉持的信念,使小李能够在个人小我意

---

① 刘雪,女,南京工业大学电气工程与控制科学学院辅导员。

识之外全面理性地认识到学生干部不仅是一个称号，更代表了一种奉献精神、一种责任意识。第二，告诉小李期望值不能百分之百地达到是生活的常态，遇到问题首先应该反省的是自身，是否是自己的工作方式出现了问题，或者是沟通方式欠妥。第三，教育小李对于失败应该有一个正确的态度，每一次遗憾都应该督促我们在以后的工作中更加努力，这样才能把工作做好，对得起目标也对得起付出。第四，引导小李认识到自身的闪光点，发掘小李的摄影兴趣，鼓励他用相机记录生活，也可以向微信公众平台投稿，增加他的自我认同感，使小李全方位地认识自己、提升自信。鼓励他多与同学交流，交换想法，争取共同进步。

## 经验与启示

1. 发现问题时，要全方位地剖析原因，对症下药。对于在学习生活中出现反常表现的学生不能一味批评，要争取从多方了解原因，从内外因全面地分析学生心态产生的变化，及时对其进行疏导和鼓励，避免因为学生的认知偏差而导致学习成绩下降或消极生活。

2. 要时刻以朋友的身份与学生相处，争取在学生中以朋友的身份来做学生工作，避免以长辈或者批判者的角度跟学生进行对话。对于学生遇到的苦恼和困难，要积极给予帮助，从思想上引导他们树立正确的人生观，从方法上给他们提供经验。争取做学生信任的、依赖的辅导员。

## 专家点评

大学生如果要身心健康发展、学业有成，必须有一个积极的心态。本案例从学生自我认知与实际差异角度分析，通过辅导员的约谈、引导、帮助树立自信心等，培养学生的积极心态。辅导员应在实际工作中高度重视学生的认知差异、心理障碍等问题，帮助他们解决实际问题，建立自信心，健康、快乐地成长。

——季宜敬（南京工业大学电气工程与控制科学学院党委副书记）

# 目标导航，基础薄弱班干部的受挫与转化

张甲田[①]

## 案例简介

小郑，男，某院2015级新生。刚入校的时候，小郑表现得十分积极，乐于为同学服务，开学没两天就把班上同学都认齐了，有一定的号召力。在和他的交流中，辅导员发现小郑性格开朗活泼，只身一人来大学报到，身上有一种同龄人没有的自立与成熟。而后，小郑顺理成章地当上了班级临时召集人，竞选班长的时候也毫无悬念地高票通过。之后的一学期工作，小郑的表现没有让老师失望，但是期末的高数考试挂科了，也是整个专业3个班唯一一个高数挂科的同学。下学期开学后，小郑的工作积极性大不如前，做事拖拉、被动，甚至开始旷课。开学不久后一次辅导员在上课时间查寝，竟意外发现小郑及两个舍友在宿舍打游戏。在与辅导员的交谈中，小郑直接流露了辞去班长职务的想法。

## 案例定性分析

此案例反映的是学生干部因学业成绩不理想，自信心受打击，自暴自弃，丧失学习和工作动力的问题。

## 问题关键点

1. 如何帮助小郑走出考试失利的阴影，重拾自信，端正学习和工作态度？

2. 如何引导小郑合理规划大学生活，发挥学生干部的正面导向作用，带动优良班风学风？

## 解决思路和实施办法

1. 主动约谈，认真倾听。发现小郑的这些变化以后，辅导员找到小郑，了解到小郑刚开始来到大学时踌躇满志，但是后来渐渐发现身边的人都比自己优秀，而自己因为来自偏远地区，基础薄弱，学起来很吃力，虽然很努力但最后还是挂科了，感觉很没面子。在与小郑谈心的过程中，辅导员运用倾听的技巧，对小郑入学后感受到的强烈落差表达了同理之心，为接下来一起查找原因、解决问题做准备。

2. 安抚情绪，剖析原因。辅导员对小郑一学期以来做出的努力和工作的表现进行总结，并给予充分肯定。考虑到他从一入学就在班级建立了良好的人际关系、展现出了一定的组织能力，辅导员希望他继续担任班长。接着从内部和外部两方面帮助小郑剖析原因：一是

---

① 张甲田，女，南京工业大学法政学院辅导员。

肯定了生源地在偏远地区，基础相对薄弱的事实；二是帮助小郑画了一张图表，分析他一学期以来课余时间的安排，发现他课余80%的时间都用于社交、社团活动和从事与学习无关的事，小郑自己也承认学习比较松懈；三是批评小郑为了跟个别同学打成一片，以前不怎么接触电脑的他也开始玩起了网络游戏，耗费了不少时间。

3. 合理建议，树立信心。针对剖析的几点原因，辅导员对症下药，明确告诉小郑，尽管他数学底子差是事实，但基础差的也不止他一个，大学学习并不轻松，工作再出色，如果成绩拿不出手，在同学中也会渐渐失去威信；人际关系的维持的确需要交往和互动，但如果这样的互动不是良性的，那迟早会沦为狐朋狗友。因此，建议小郑：一是列一个计划表，合理安排每天的课余时间；二是鉴于他加入了5个学生组织，建议他退出其中2个组织；三是鼓励他引导班级正能量，课余时间走出宿舍、走向操场，组织积极向上、形式多样的主题班会，培养同学感情，增强班级凝聚力。辅导员推荐他做系主任助理，一方面能充实课余生活；另一方面可以在老师的不断提点下在专业上有所进益。

4. 设定目标，定量考核。在辅导员的指导下，小郑列出了几个长期和短期的目标：一是本学期一次性通过英语六级考试；二是朝三等奖学金的目标努力；三是报“大创”项目并完成中期检查；四是定期组织班委会和主题班会，将各项任务细分化，充分调动班委工作的积极性。为了实现自我监督管理，小郑每天将各项工作用软件进行“打卡”并上传微信朋友圈，定期拟定班委会内容和主题班会活动策划书，班级工作开展得井井有条。

5. 由点及面，紧抓学风。考虑到班级学风的整体下滑，辅导员通过开班会，强调校纪校规，制约学生无故旷课；加强课堂考勤、宿舍检查力度，每周将结果公布在学生QQ群；开展优秀学长经验交流，引导学生合理安排时间、规划学习生活。在班委的带动下，各方齐抓共管，班级渐渐形成“比学赶帮超”的学习风气。

## 经验与启示

1. 学生干部的培养对一个班的班风建设有着至关重要的作用，辅导员要对学生干部身上出现的问题有敏锐的洞察力，早发现早解决，使其真正发挥好榜样带头作用。

2. 在与受挫学生的交流过程中，不能一味地否定和批评，要善于发现学生的闪光点，多加肯定和鼓励，用平等的姿态进行交流，真正走进学生的内心，引导他们自我总结和反思，实现内心的转化。

3. 开展学生工作过程中要点面结合，既要抓重点抓个别、也要顾全面控全局，既要鼓励引导、也要约束惩治，否则个别现象易蔓延为普遍现象。

## 专家点评

学生干部是辅导员开展工作的重要力量，学生干部学习受挫导致情绪低迷甚至自暴自弃，不仅严重影响自身发展，也会阻碍工作开展，给班级带来负能量。本案例中，辅导员针对学习基础较薄弱但是组织能力较强的学生干部，采取谈心谈话、原因剖析、合理建议、目标导航的方式，帮助受挫班干找回学习的信心和动力，重新发挥引领作用，具有很好的示范效果。

——张晓文（南京工业大学心理健康教育指导中心主任）

# 目标管理，提升班级凝聚力

蔡 伟[①]

## 案例简介

某班级由30名同学组成，这些同学大多来自省外，大一时班级整体表现较好，但是进入大二后，班级逐渐暴露出一些问题，宿舍卫生情况较差，有个别同学经常迟到、逃课，有些同学对班干部组织的集体活动不予配合等。针对这些问题，示范辅导员召开了一次主题班会，但是同学们到场不准时，而且聚集坐在教室后排。班会过程中，大部分同学都自顾自地玩手机，少有同学抬头听讲，班会效果不佳。

## 案例定性分析

此案例反映的是班纪涣散、班风不佳导致集体凝聚力下降的问题。

## 问题关键点

1. 如何找准班级目前存在的问题，提升班级凝聚力？

2. 如何引导班级同学制定目标规划、促进学生全面成长？

## 解决思路和实施办法

1. 深入学生，主动了解班级现状。辅导员对班级干部、积极同学进行约谈，了解班级平时工作的开展情况，把握班级的整体情况。从班风学风、宿舍卫生等方面约谈问题同学，找出学生产生不良行为的原因。认真倾听问题学生的陈述，如果是个人因素导致的，告知学生现在的状态是欠佳的，让学生正确认识到大学学习生活应有的模样；如果是其他因素导致（比如对班级干部不满意等），则做好记录，告知学生会在接下来的时间里进行了解和处理。

2. 监督学生，拟定班级考核细则。辅导员召开主题班会，组织班级同学再次学习《学生手册》，让班级同学熟知学校有关管理规定。召开班委会，结合学校管理规定，针对班级同学的特点，从思想、学习、生活方面制定班级考核细则，并且严格执行，规范学生的日常行为。同时，合理地引导非正式群体，对班级干部做好监督工作，实行学生自我教育、自我管理、自我服务。

3. 凝聚学生，加强班级文化建设。辅导员召开班级座谈会，就班级活动类型听取班级同学的想法与建议，认真做好记录，并从中选取3～5种活动，进行班级公开投票，最终以投票最高数选定活动方案，从而组织符合大学生兴趣特点的班级活动。在班级活动中，辅导员

---

① 蔡伟，男，南京工业大学交通运输工程学院辅导员。

发现同学之间的交流和沟通变多了，对班委也逐渐产生了认同感，同学之间增进了了解和信任，同时辅导员和同学之间的距离拉进了。此外，在班级宿舍大厅开展“让墙壁说话”活动，在宿舍大厅布置宣传栏，以宿舍为单位轮流做“主编”，结合当下热议话题、传统节日、校园风云等，让墙壁“说话”，并且开设了留言版块，以供大家交流。通过这样的活动，以宿舍大厅为阵地，同学们一改往日的消极态度，不仅加深了班级同学之间的交流，也打破了宿舍之间的界限，整个班级就像一个其乐融融的大家庭。

4. 多方引导，促进学生全面成长。辅导员邀请优秀学长学姐给班级同学做分享，介绍他们的大学生活，促使班级同学着手对一年来的大学生活进行总结与反思，同时对未来的大学生活进行思考与规划。开展班级规划与个人规划活动，共同讨论班级规划，制定班级目标。再根据班级规划，结合个人特点，要求班级每位同学制定自己的个人发展规划，并且定期开展自评互评活动，使班级同学对照自己的发展规划，回顾、总结、反思自己的所得所失。

## 经验与启示

1. 在班级管理中，要具有创新意识。辅导员在管理班级中遇到问题时，不能墨守成规，要有切合时代发展的思想理念，通过新方式、新途径及时关注学生群体的动态。要善于发现问题，善于提出新思路、新方法，切实为学生做实事。

2. 在班级管理中，要拟定集体和个人发展目标。辅导员在管理班级时，要针对班级特点制定班级考核细则，并严格按照规章制度办事。帮助制定集体和个人发展目标时，要深入学生，学会站在学生的角度换位思考，做学生的人生导师和知心朋友。

## 专家点评

班级凝聚力涣散，实际上是在环境氛围较自由的大学生活中大学生缺乏集体意识的体现，如不能加以正确引导而任其自由发展，将会衍生班级集体性较差、班级同学归属感较弱等现象，甚者会导致恶性循环。本案例中，辅导员针对班级出现的种种问题，正确分析班级凝聚力缺失的原因，创新工作思路与途径，对症下药，并且帮助班级、学生拟定集体和个人的发展目标，使得班级凝聚力上升，学生也在这个过程中得到了全面提高。

——陈娟（南京工业大学交通运输工程学院党委副书记）

# 建和谐宿舍，塑健全人格

丁　莉①

## 案例简介

小韩同学，电气工程与控制科学学院某专业2016级学生。从小家教严格，性格较为孤僻，追求完美，耐挫能力较差。宿舍共有6名同学，其余5名同学关系较为融洽，小韩因性格、生活方式等原因与寝室同学相处不和谐。室友小祝脾气较为暴躁，平时不太注意说话方式，容易伤人。小韩和小祝因性格上的明显差异，日积月累矛盾逐渐尖锐。

某天傍晚，小祝打完球回宿舍准备开空调，小韩以天冷为由表示不同意，两人对峙，小祝扬言要找人教训小韩，二人矛盾尖锐化。当晚，小韩情绪激动地将事情告知辅导员，表示无法与小祝继续生活在同一宿舍。

## 案例定性分析

此案例反映的是个性心理冲突引发的寝室矛盾问题。

## 问题关键点

1. 如何顺利解决矛盾，重建宿舍和谐人际关系？

2. 如何对大学生心理危机进行干预，帮助小韩塑造健全人格和健康心理？

## 解决思路和实施办法

1. 积极介入，全面了解。事情发生后，辅导员第一时间通过班委及宿舍同学了解情况得知，宿舍其他同学关系较为融洽，小韩和小祝性格都较为偏激，小韩更偏向于回避型人格，小祝更偏向于攻击型人格，日常相处中，小韩习惯隐忍而不主动沟通，小祝则大大咧咧弄不明白小韩为什么总是回避他，此次矛盾集中爆发也是预料之中的事情。同时，辅导员与小韩父亲电话联系，小韩父亲表示，小韩个性偏内向，不够成熟，喜欢追求完美，又因从小多次更换住所与学校，较为敏感。在谈话中，辅导员与小韩父亲商量，老师与父母双管齐下，引导小韩塑造健全人格，勇敢面对问题。

2. 逐个击破，面对面恳谈。辅导员分析，小韩和小祝的矛盾很大程度上来自于个性差异，两人都特立独行、比较自我，加之一个内向一个外向，互相产生厌恶，日常生活中的小事就成为导火索，引发矛盾激化。辅导员对二人逐个谈话，小祝比较配合，表示愿意与小韩沟通并改正自己不当的行为。小韩的情绪则较为激动，辅导员耐心听取小韩对宿舍关系的描

---

① 丁莉，南京工业大学电气工程与控制科学学院辅导员。

述及自我鉴定后，着重谈到大学宿舍生活的意义，引导小韩学会在集体生活中培养包容、成熟的性格，通过宿舍生活学会与他人和谐相处，告诉他这将会使他终身受益，希望小韩更加主动地与他人沟通，回避只会伤人伤己，并希望他在老师和班长、团支书的见证下与小祝同学面对面恳谈，尝试解开心结。小韩表示同意。

3. 打开心绪，重建关系。在一个小会议室里，辅导员、班长、团支书、小韩、小祝五个人面对面沟通，先由二人分别将内心最真实的想法表达出来，老师、班委分别对二人进行分析引导。当老师直言不讳地说出宿舍矛盾的根源时，小韩冷静下来，思考自己的问题。面谈结束后，由班委分别去宿舍谈话。最后，在老师、班委、宿舍同学的共同见证下，小韩表示暂时不申请调换宿舍，尝试再住一段时间看看。其间，由主要班委、党员每天汇报情况，观察效果。一段时间后，小韩与小祝相处融洽，都在性格和相处方式上做出了较大的改变。

## 经验与启示

1. 辅导员要用耐心、爱心、细心走进每一个学生的内心。教育有法，教无定法。在辅导员所带的几百名学生中，一定有所谓的问题学生，辅导员应该用爱心感化他们，用耐心教育他们，用细心发现他们的闪光点，不抛弃、不放弃他们。

2. 发挥班委、党员作为辅导员助手的作用。班委、党员是学生和老师沟通的桥梁，辅导员事务性工作繁忙，很多班级事务依赖于他们的作用发挥。辅导员应该着力培养班级的学生管理者，搭建好班级的管理队伍，使他们成为日常工作的有力支撑。

## 专家点评

寝室生活在大学生活中有着极其重要的地位和作用。辅导员在遇到寝室矛盾问题时千万不能掉以轻心，因为寝室矛盾通常是学生心理、性格问题的反映。如不能正确及时地介入并加以引导教育，轻则可导致后续工作难以开展，重则会因人格不健全和心理问题引发悲剧。本案例中，辅导员针对宿舍因性格不合、心理问题导致的矛盾激化，积极介入，深入交流，运用正确的方式方法使矛盾得到顺利解决，帮助学生意识到自己人格和心理上的一些问题并做出改变，不失为一个成功的案例。

——季宜敬（南京工业大学电气工程与控制科学学院党委副书记）

# 妥善处理宿舍“宠物”，坚守集体生活底线

王　涛①

## 案例简介

小高同学是二年级学生，进入大学以来一直学习刻苦认真，遵守校规校纪。但是，在大二下学期刚开始，她在宿舍养了一条宠物狗，影响其他同学的正常休息，并且在此期间将室友咬伤。同学劝其将狗带离，小高坚决不肯。后宿管查宿舍卫生时发现小高养狗，要求小高把狗送离宿舍，同时与辅导员沟通处理此事。小高答应在最近的假期将宠物狗带回家，但之后并未按期将狗送离。后在辅导员积极进行思想教育后，小高认识到问题的严重性，其父母到校把狗接回了家。

## 案例定性分析

此案例反映出学生集体意识淡薄、漠视校规校纪，违反了学生手册中有关宿舍管理的规定，并造成不良后果。

## 问题关键点

1. 如何开展思想工作，使违纪学生认识到宠物在宿舍带来的种种不便和潜在的危险，安排学生把宠物送离宿舍？

2. 如何正确引导学生遵守学校规章制度，顾及他人感受，共同营造互敬互爱、互相帮助的宿舍舒适环境？

## 解决思路和实施方法

1. 主动约谈，认真倾听。辅导员带着被咬伤的同学进行医疗处理，并约小高同宿舍其他同学了解事实。约谈小高，认真倾听其养狗的原因，其间以聊家常的方式进行，不进行批评教育。

2. 敏锐观察，适当引导。在耐心倾听小高自我陈述的过程中，辅导员分析背后的原因，了解小高的家庭状况，并表示自己同样喜欢饲养宠物，但在集体生活过程中饲养宠物带来的种种问题，已经给同学带来了不便和困扰，让小高认识到自身的行为已经违反学校有关规定，引导小高正确看待在宿舍养宠物与正确处理宿舍关系的问题。

3. 耐心疏导，严肃批评。在谈话的过程中，小高表现出了抵触的心理，不愿意接受处理意见。这时辅导员对其以往的优秀表现给予肯定，鼓励其继续保持下去，同时严肃指出小高

① 王涛，男，南京工业大学药学院辅导员。

的错误，养宠物本不应该，咬了人更是产生了不良后果。在此基础上，辅导员进一步在思想和心理方面引导，帮助小高科学规划大学生活，处理好同学之间的关系，真正实现心灵导航的综合效能。同时，辅导员以此为契机，引导全班同学懂得集体生活的底线，不侵犯他人权利，学会公共生活，进而把宿舍建成积极上进、和谐友善的"小家"，为同学们学习成才、择业交友、健康生活提供更多的正能量。

## 经验与启示

1. 辅导员主要是做学生的思想工作，为了达到这个目标，很重要的一点是让学生信任自己。同时，辅导员要经常与重点人群交流，了解他们有什么困难，让学生感受到老师的温暖，这会让工作开展得更加顺畅。对于违反学校相关纪律的同学，更要如此，要深入了解他们的内心世界，经常接触他们，关注他们的所想所需。老师可以多参加班级组织的活动，在活动中淡化自己的老师形象，尽量让学生感觉到老师是他们中的普通一员。在轻松活泼的气氛中，大家很容易敞开心扉，进行朋友式的交谈能够了解他们的真实想法，拉近师生间的距离，也容易让学生接受老师提出的意见和建议。

2. 辅导员需要付出更多的爱心及耐心。学生需要辅导员的关心和信任，也需要辅导员的鼓励和帮扶。辅导员在日常交往中要不断激励他们，增强他们的自信心，真正做到以情动人，理解他们，成为他们的朋友。

3. 处分不是目的，而是手段。对违纪学生进行跟踪教育，不仅可以达到"治病救人"的目的，而且有利于树立良好的班风、学风。老师也可以了解学生的思想动态和教学中存在的问题，进而提高教育管理水平。

## 专家点评

此案例是近年来在学生宿舍偶有发生的养宠物事件，暴露出个别大学生在人际交往过程中存在的问题：集体观念淡薄，漠视校纪校规，结果是造成了宿舍他人的不便，违反了《学生手册》中有关宿舍管理的规定。辅导员成功运用心理学相关知识和技能与涉事同学谈心交流，耐心疏导，帮助学生认真规划大学学习、工作、生活，最终成功解决问题的同时也增加了学生对老师的信任感，增加了师生情谊，有助于学生工作的良性开展。

——张琪（南京工业大学药学院党委副书记）

# 正确面对集体生活，构建和睦宿舍

张文闻①

## 案例简介

小王，土木学院大一新生。入学后与同宿舍同学关系不和谐，我行我素，经常晚睡，通宵打游戏，影响他人休息。刚开始由于宿舍同学的忍让并未发生冲突，但持续一段时间后他并未认识到自己的错误，宿舍同学在交涉未果的情况下与其发生口角，令事件进一步恶化。最终，小王教唆校外社会人员擅自进入学生宿舍，并对其舍友进行人身威胁及恶意骚扰。学校按照相关纪律处分条例给予小王严重警告处分。

## 案例定性分析

此案例反映的是大一新生因生活习惯不同、以自我为中心导致与他人相处出现障碍，甚至违反校纪校规等问题。

## 问题关键点

1. 如何帮助小王改正以自我为中心的错误观念，学会在生活中关爱同学、与舍友和睦相处？

2. 如何引导小王树立正确的世界观、人生观、价值观，明确大学生最低道德准则、严格遵守校纪校规？

## 解决思路和实施办法

1. 换位思考，认识错误。刚入学时，小王没能够考虑到舍友的作息规律，以自我为中心，我行我素，在舍友需要学习、休息时没有体谅他们。因为他的行为，舍友的正常生活规律被打乱，学习也受到了影响。舍友对他的做法充满意见，一段本来应该和乐美好的友谊被破坏。

2. 心理约谈，重塑健康心态。辅导员帮助小王和他的父母约见了学校心理健康教育指导中心的老师，他们建议从问题的最初入手，小王应该鼓起勇气向他的舍友道歉，反省自己的过错，争取他们的原谅。在辅导员的鼓励和牵线下，小王当着大家的面诚恳地向舍友表达了歉意和自己的悔过之心，表示在今后的相处中会设身处地地为舍友考虑，做到“己所不欲，勿施于人”，希望得到舍友的原谅。舍友也对自身存在的错误进行了反省，双方终于握手言和。

---

① 张文闻，女，南京工业大学土木工程学院辅导员。

3. 鼓励参加有益身心健康的活动，在实践中改变。辅导员建议小王在课余时间尤其是周末多与舍友一起进行有益于身心健康和配合交流的活动，如打篮球、一同去教室自习，借此方式既可以培养与舍友相同的兴趣爱好，也可以在生活作息方面尽量保持一致。从那以后，小王与舍友相处融洽，上课以及晚自习同进同出，并在相互督促下更加努力。上课时他们都坐在前排，认真听课，记录笔记。在成绩上，小王获得了很大进步，拿到了学校奖学金。小王感慨，舍友其实是很好的人，是自己的自我和偏激导致了争执的发生，差点错过了这一段宝贵的友谊，幸亏认识到了曾经的错误，改过自新为时未晚。

## 经验与启示

1. 形成学校、家庭两方合力，共同帮助学生健康成长。现在的学生多为独生子女，他们在家庭生活中习惯了占据主导地位和家人的迁就包容。如此一来，学生之间一旦发生口角，双方都不愿意先退让一步给别人留一些余地，最终会导致问题的恶化，使一些微不足道的分歧发展到不可控制的地步。针对这一问题，辅导员应积极和家长联系，采取劝导开解的方式，使两方各退一步，抓住起因从根本上解决问题。

2. 引导学生端正心态，在与人交往的过程中要学会尊重他人。以自我为中心的意识强烈，常常会出现高智商、低情商，自我意识膨胀，不会尊重他人。老师要让这些同学学会与人交往，以己度人。

## 专家点评

进入大学后人际关系变得复杂，让学生知道如何与人相处，怎样交往，理清集体生活的权利和义务边界，在尊重合作中实现共赢，变得十分重要和迫切。在本案例中，辅导员能正确选择时机，帮助新生在人际适应中完善自我，取得了显著效果。

——熊中宏（南京工业大学法政学院党委书记）

# 真诚沟通，重启友爱之门

路　遥①

## 案例简介

小周、小李、小张、小倪是同一个宿舍的同学，她们分别来自不同的城市、不同的家庭、不同的班级。2016 年上半年，辅导员发现小倪同学和其他几位同学之间出现了问题。经过了解，这些问题都是日常生活中的一些生活习惯所致。后来，宿舍成员之间的矛盾开始加深，并划分为 2 个“阵营”：小倪一个“阵营”，其他 3 人一个“阵营”。经过初步调解，矛盾有所缓和，但成效并不明显。没过多久，辅导员所担心的事情还是发生了：某天晚上，考研复习回来较晚的小倪回宿舍开门放书包时，动作较大，惊醒了早早上床休息的小周同学，由此引发了双方的激烈争吵。在争吵中，与小周同一“阵营”的小李、小张纷纷帮着小周说话，小倪伤心不已，当晚便搬到同一幢宿舍楼的某老乡宿舍住了一宿。

## 案例定性分析

此案例反映的是学生因生活习惯所致的宿舍人际交往障碍问题。

## 问题关键点

1. 如何找到该宿舍矛盾的根源，找准解决问题的切入口？

2. 如何引导宿舍同学进一步加强沟通，找到彼此之间和谐相处的“最大公约数”，学会包容和理解，从而化解矛盾，形成友爱、互助的宿舍文化？

## 解决思路和实施办法

1. 认真倾听，了解情况，建立信任。辅导员分别约谈了小倪和小周、小李、小张。在约谈中，努力稳定双方的情绪，仔细听取她们关于本次事件和以往事件的叙述。在倾听过程中，注意运用“移情”，让她们感受到老师对她们的理解与关爱，逐渐与学生建立互信的关系，便于学生打开心扉。同时，辅导员要保持公正客观的态度，不偏袒任何一方。

2. 积极思考，发现问题，找准根源。通过分别谈话，并结合班委、党员和班级其他同学的反映，辅导员逐步了解到该宿舍矛盾的由来和演变。在刚入学时，这个宿舍还是非常和谐的，舍友之间也能互帮互助。然而，由于一些生活习惯的差异，导致许多小矛盾越积越深，误会越来越大，并逐渐分化为 2 个“阵营”。由于缺少沟通，小问题变成了大矛盾。如果能搭建一个沟通平台，双方开诚布公地交流，自然就能化解矛盾。

---

① 路遥，男，南京工业大学电气工程与控制科学学院辅导员。

3. 回忆往昔，游戏互动，打开心结。辅导员约 4 人到办公室，以恳谈会的形式开始了交流。在交流中，辅导员没有指正、批评任何一方，而是把该宿舍自入学以来发生的种种温馨场景帮助她们回忆了一遍。当 4 人听着辅导员说出一幕幕场景时，从一开始的惊讶逐渐变为感动，甚至眼眶开始湿润起来。辅导员接着告诉她们，大家从五湖四海相聚一个宿舍，本身就是难得的缘分。当毕业之后，再回看今天由于各种生活习惯导致的小矛盾都会会心一笑。听到这里，小倪同学率先说自己做得不对，晚归时确实要考虑已经休息的室友，其他三位同学也纷纷说了自己的做法也有欠妥的地方。辅导员趁热打铁，请他们做了一个小游戏，两两之间互相大声喊出对方的名字，并握手拥抱，最后 4 人紧紧相拥，牵手离开，友爱之门重新打开。

4. 搭建平台，加强反馈，后续关注。在后续帮扶中，辅导员适当交给这个宿舍一些小任务，促使她们在完成任务的过程中加强交流，重新找回互帮互助的良好氛围。同时，通过班委、党员等侧面了解宿舍后续情况，进行持续关注。值得欣慰的是，这个宿舍再也没有发生过互相争吵的情况，4 名舍友的学习成绩都有所提高。

## 经验与启示

1. 宿舍矛盾都是一些小误会积累而成。人与人之间不可或缺的就是理解和包容，辅导员要注意化解矛盾，防止矛盾升级。对于同学的误解，要及时劝导学生襟怀豁达，学会包容，忍一时风平浪静，退一步海阔天空。

2. 宿舍矛盾有时并没有明显的对错之分。在处理宿舍矛盾时，要从多方面了解情况，尽可能找出矛盾的根源，对症下药。在处理问题时，要实事求是，公正客观，不偏袒任何一方，才能与双方建立信任，才能使矛盾处理不偏不倚，有利于矛盾的化解。在日常教育管理中，要多鼓励学生参加社会实践、志愿服务等活动，改变部分学生以自我为中心、在意索取忽视付出的观念，努力培养学生作为社会人的义务与责任，培养学生的感恩意识，学会换位思考。

## 专家点评

宿舍是大学生学习生活的重要场所，也是大学生思想政治教育的重要阵地。宿舍是否和谐友爱，与优良的班风、学风紧密相关。本案例中，辅导员多方了解情况，掌握了宿舍关系的演变过程，找准了问题的根源，没有通过直接批评，而是通过赏识教育的方式点出问题所在，通过教育集体的方式教育个人，收到了良好的教育效果，为解决此类宿舍关系问题提供了有益参考。

——季宜敬（南京工业大学电气工程与控制科学学院党委副书记）

# 和危险品说“不”，共建安全宿舍

赵雨寒[①]

## 案例简介

2017 年 3 月，在检查学生宿舍时候发现小张柜子里放了 3 瓶化学品。据小张交代，这 3 瓶化学品分别是氧化钙、金属钠和工业酒精。小张说自己对生活环境和质量要求比较高，根据以前学过的化学知识，利用氧化钙来为衣柜除湿，金属钠用来清洗餐盒油渍，工业酒精用来消毒地面和桌椅。小张表示，知道这些是学校禁止带入宿舍的危险化学品，但为了自己生活方便还是偷偷带进宿舍使用。

## 案例定性分析

此案例反映的是学生违反学校学生宿舍管理规定，以及对违纪事件的处理问题。

## 问题关键点

1. 如何引导小张正确认识自己的错误、接受处分？
2. 如何帮助小张适应大学宿舍生活，增强纪律意识和宿舍安全意识？

## 解决思路和实施办法

1. 处理违禁化学品，了解事情经过。辅导员在发现违禁化学品时，立即没收并交到相关部门处理。经查证，金属钠属于易爆物品，遇到水立即反应发生爆炸，且不易保存，需存放在煤油中，属于危险品。在向上级领导汇报以后，辅导员将危险化学品移交至学校资源保障部。辅导员将小张叫到办公室谈话，了解他购买化学品的时间、地点，写一份情况说明。辅导员仔细询问小张买这些化学品的用途，在沟通中认真倾听小张的想法，分析小张买这些化学品的真实意图。

2. 批评教育，自我反省。在了解小张买化学品的事情经过后，辅导员对小张将危险化学品带进宿舍的行为提出严肃批评，告知其严重违反了校规校纪，学校将给予其相应的处分。同时，辅导员对小张进行安全教育，让他了解化学品发生爆炸的危险性，列举相关的案例让小张明白危险就在身边，增强小张的安全意识，并让小张深刻反省自己的行为，写一份检讨书。在谈话中，辅导员通过小张说话的语气、神态分析他的心理情况，引导他正确面对自己的错误，勇于承认错误、承担责任，不要因为一次犯错就产生消极的念头。

3. 联系家长共同教育，团结同学共同监督。辅导员电话联系小张的家长，了解小张的

---

① 赵雨寒，女，南京工业大学海外教育学院辅导员。

生活情况和成长环境，将小张的违纪事件告知家长，希望家长能引起足够重视，对小张进行批评教育，让小张在思想上认识这件事的严重性。通过小张所在宿舍的同学、所在班级的班干部了解小张在学校的生活情况、兴趣爱好、性格特点等，分析小张带违禁品进宿舍的真正原因，引导小张调整心态，帮助他解决困难，尽快适应大学生活。同时，要求小张宿舍同学和班干部共同监督，一旦发现小张再次携带危险品进宿舍或者出现情绪波动，立即上报辅导员。

4. 召开安全讲座，增强全体学生安全意识，防微杜渐。辅导员组织召开校园安全知识讲座，以小张事件为警示，加强对全体学生的安全教育，排查校园安全隐患，坚决抵制破坏校园安全的行为。

## 经验与启示

1. 重视校园安全问题，排查宿舍安全隐患。安全是大学生安心学习的前提和保障，应引起我们的充分重视，要未雨绸缪。在新生刚进校就应该加强他们的安全意识和纪律意识，定期召开安全教育主题班会，让学生们从思想上重视。宿舍区可以说是学生的密集区域，也是事故发生的高危区域，作为辅导员应协同宿舍管理人员定期检查宿舍，排查宿舍安全隐患。

2. 辅导员要主动关心学生学习、生活情况，帮助新生尽快适应大学生活。很多同学在进入大学之前都没有住过集体宿舍，进入大学后会有诸多不适应，作为辅导员要关爱学生，积极引导学生自我调节，帮助他们提高生活自理能力，同时也要用严格的纪律约束学生。

## 专家点评

个别大学生纪律意识和安全意识淡薄，私带违禁品进宿舍，如果不及时阻止，将会导致大学生无视校规校纪，甚至可能会酿成重大事故。本案例中，辅导员针对学生违纪事件进行严肃处理，分析产生违纪行为的原因，有针对性地对违纪学生进行必要的教育惩处和心理辅导，同时全面加强学生安全教育，增强安全意识，守住安全底线，教育效果较为明显。

——王飞（南京工业大学海外教育学院副院长）

# 妥善解决宿舍冲突,促进学生共同成长

丁　楠[1]

## 案例简介

小张同学来自偏远乡村,平时内向沉默,学习基础较差。刚刚进入大学学习态度认真,但是对上课内容总有很多不理解,学习成绩不理想,想通过增加学习时间来提高学习效果。但小张不适应公共教室的自习环境,于是除了上课就都在宿舍学习。他的舍友有时在宿舍声音比较大,小张觉得影响了自己学习,对舍友心存不满。小张习惯早睡早起,其他同学习惯晚睡晚起,生活习惯冲突,且都希望别人让步。经过长时间积累,小张和其他舍友矛盾激化,某天因为宿舍钥匙问题引发了小张和舍友小杨的肢体冲突,后被同学劝阻。

## 案例定性分析

此案例反映的是如何处理学生宿舍中因人际矛盾激化而引发冲突的问题。

## 问题关键点

1. 如何处理学生宿舍矛盾并恢复宿舍关系?

2. 如何引导小张正确面对人际冲突,学会正确处理与同学的关系?

## 解决思路和实施办法

1. 调查清楚事情原因,倾听多方陈述。得知学生发生冲突,辅导员首先及时了解情况,清楚了该事情的大体经过,决定进行冷处理(给予学生批评和警告,但不处分、不宣扬)。其次,单独约请当事人,一对一交流和沟通,请他们各自分析矛盾的原因并表达对该事件的看法。再次,严肃校纪校规,让他们明白事情的严重性。

2. 与学生建立信任关系。耐心倾听小张的自我陈述,使他对辅导员产生信任。小张是偏远农村的学生,家庭困难,有一些自卑和脆弱,如果处理太严厉,小张很可能会自暴自弃,引起矛盾激化,如果他犯错后得到辅导员的信任和帮助,能提升他的责任意识和自信心。

3. 深入分析原因,妥善解决矛盾。约请两位同学谈心,指出他们的过错和责任,两人均认识到自己的错误,并在辅导员和班委及其他同学的共同努力下,当事人双方冰释前嫌。同时,在班委的帮助下,小张开始适应到教室自习,回到宿舍也不再因为学习受影响而着急。宿舍关系缓和之后,他们的学习和生活积极性都有所提高。

4. 打造合适的锻炼平台。小张性格内向,不善于与人交流沟通,辅导员让他担任辅导员助理,每周来办公室一次。利用每次的接触时间,了解他近期的学习生活情况和遇到的困

---

① 丁楠,女,南京工业大学材料科学与工程学院辅导员。

难，传授他学习方法，指导他如何与人相处，并安排班委进行一对一学习帮扶，小张的学习效率得到了提高，成绩也进步了。

## 经验与启示

1. 及时妥善处理宿舍矛盾。对于已经发生的宿舍矛盾，要及时了解情况，快速做出诊断，加以稳妥处理。学生宿舍是学生学习、生活、休息及交流思想的重要场所和教育阵地，辅导员要高度重视宿舍阵地建设。

2. 辅导员应以学生为本，不轻易放弃每一名学生。作为辅导员，不能对任何学生有先入为主的偏见，要尊重每位学生，与他们平等对话，并给予他们帮助和更多的参与机会。

## 专家点评

以生为本，加强关怀。做好学生工作，既要坚持教育人、引导人，还要注重关心人、帮助人。我们应一切从学生出发，充分尊重、理解学生，综合了解、分析学生的需求，将思想政治工作做到学生心坎上，实现教书育人、管理育人和服务育人工作的有效融合。

——薛荣生（南京工业大学材料科学与工程学院学办主任）

# 尊重差异共进步,“本心”辅导结硕果

薛荣生[①]

## 案例简介

李华、王明、宋杰、张强(化名)是2012级同寝室的4名学生,他们分别来自不同地区,区域差异性和民族差异性在他们身上有着显著体现。刚刚步入大学生活,他们个性突出,或因作息习惯引起矛盾,或因饮食习惯引起冲突,宿舍生活明显不和谐。这对4位同学的生活、学习都造成了干扰,个别同学甚至萌发了退学的想法。

## 案例定性分析

此案例反映的是学生因地区差异等导致的宿舍文化不和谐,间接影响了学生全面健康发展等问题。

## 问题关键点

1. 如何帮助4位同学认识到彼此之间的差异性?
2. 如何引导4位同学接受彼此的生活习惯,并从自身出发尽可能做到不影响别人?
3. 如何引导4位同学树立长远目标,规划自己的生活,积累知识,沉淀升华自我?

## 解决思路和实施办法

1. 全心准备,掌握基本。在刚入校时,辅导员就对本批次新生生源地有了初步了解,对各个宿舍的成员组成情况基本掌握,根据以往的经验,尤其对由区域差异性较大的新生宿舍进行重点关注。辅导员通过不同渠道了解这些同学的动向,在开学不久后,就得知某宿舍存在宿舍生活不协调、舍友之间相处不融洽的问题。因此,在问题刚刚萌发的时候,就及时介入。

2. 用心倾听,获得信任。当通过其他途径了解到该宿舍存在的问题后,辅导员主动分批次约谈该宿舍的每一位同学,在谈话过程中,很少或尽可能不发表意见,主要是倾听,对学生的看法进行肯定和尊重,并表示老师对其生活、学习等方面的关注。通过多次谈话,逐渐获得同学的信任。

3. 细心观察,探索本质。约谈并不能全面了解学生的真实情况,还要通过其他途径来细致了解。在经过谈话建立了基本的信任后,辅导员以到办公室帮忙处理学生工作为理由,邀请这几位同学先后来帮忙,在此过程中了解他们的性格及做事风格。

---

① 薛荣生,男,南京工业大学材料科学与工程学院学办主任。

4. 耐心引导，认知自我。基于不同学生的家庭环境、生活背景、作风习惯等因素，辅导员对现有问题进行分析，分别和4位同学单独交谈，最后和他们一起交谈，引导他们充分剖析自我，认识到彼此间的差异性，并希望他们能够相互理解包容，对自己的未来有明确的规划，树立契合自己的长远目标，使他们能够求同存异、协同进步。

5. 真心培养，茁壮成长。4位同学在充分认识到问题的本质后，摒弃前嫌，真诚相待，结成学习小组，相互帮助，相互学习。4位同学后期积极竞选班干部，热心参加各种活动，学习成绩并明显提高，多次获得各类荣誉称号。最后，3位同学考取国内知名高校硕士研究生，另外一名同学签约某大型国企。4位同学都有了很好的发展平台，在他们成长的道路上迈出了关键性的一步。

## 经验与启示

1. 不能单一采用令行禁止的方式解决问题。对于来自不同地区的同学，因受不同区域文化的影响，其看待问题的角度、解决问题的方式是有明显差异的，如果单一地令行禁止会引发学生的抵触心理，使他们产生对抗情绪。因此，应该在充分了解各方面信息的基础上，制定切实可行又符合个性发展的工作方案。

2. 充分认识当前大学生的心理状况。步入大学后，新生会发现现实与憧憬的蓝图有着明显的差异性，心理会产生明显的落差。这时候，学生会因为外界的因素诱发内心的压抑或者不满，进而产生一些无法预料的想法，甚至会带来难以承受的结果，老师应充分了解大学新生的心理发展情况。

3. 辅导员要用全心、用心、细心、耐心和真心从事这份神圣且重要的工作，成为大学生的人生导师和知心朋友，要把上述"五心"做到极致，即"本心"，这应是一种本能的使命感与责任感。

## 专家点评

大学校园是由来自不同地方、不同民族的大学生组成的集体，他们有着不同的文化背景、生活习惯等。大学生的差异性，决定了高校辅导员工作必须与时俱进，注重个性化特征，这样才能取得工作成效。本案例中，辅导员针对大学生差异性导致的各方面问题，正确分析导致各种矛盾的深层次原因，对症下药，采用个性化的解决方案，不失为一个优秀的案例。

——考宏涛（南京工业大学材料科学与工程学院党委副书记）

# 深入调查溯根源,加强沟通促和谐

黄丹枫[①]

## 案例简介

小尹同学是一名大二的学生,平时学习成绩不错。一次,他主动来找辅导员,说他不想和宿舍的杨同学一起居住,因为杨同学天天在宿舍玩游戏,还不戴耳机,噪音很大,影响他学习。辅导员问他有没有和杨同学沟通,比如尝试提醒杨同学这样做会影响别人,尹同学说对方不理他,所以他现在很烦躁,不想回宿舍,晚上在宿舍也睡不着,学习的心情也没有了,希望辅导员能帮他调换一个宿舍。

## 案例定性分析

此案例反映的是大学生在宿舍因缺少沟通而造成人际交往不和谐的问题。

## 问题关键点

1. 如何了解小尹同学所在宿舍的真实状况,找出问题的原因?

2. 如何引导相关同学合理处理宿舍矛盾,学会人际交往技巧,适应大学集体宿舍的生活模式?

## 解决思路和实施办法

1. 分别约谈两位同学,认真倾听他们的诉说。辅导员意识到该宿舍问题的重要性,立刻找尹同学了解事件的详细情况,以便帮他找到解决问题的办法。在与尹同学的谈话过程中,辅导员积极认真地给出回应,让尹同学体会到辅导员是关心他的,引导他将真心话告诉辅导员。通过尹同学的描述,辅导员知道杨同学非常喜欢玩电脑游戏,玩游戏的时候不佩戴耳机,尹同学提醒后,杨同学依然我行我素。第二天,辅导员利用下课时间找到杨同学,并与他进行了短暂的交流。杨同学首先承认自己玩游戏不对,但也表示他都是在完成学习任务后才去玩电脑游戏的。对于尹同学反映的情况,他表示不是他不理会,而是尹同学性格实在太古怪,从大一进校至今,尹同学极少与宿舍同学交流,如果大家在宿舍说说笑笑,尹同学就会摔东西或制造噪音表示不满等,导致宿舍只要有尹同学在,大家都不敢吱声,生怕他发火。忍的时间太长了,杨同学不想再纵容他了,所以就出现了尹同学反映的情况。

2. 深入宿舍,多方取证,全方位进行调查。辅导员分别找尹同学的室友、班级同学和班委等了解尹同学和杨同学的人际关系状况和为人处事的情况。经了解,尹同学比较自我,处

① 黄丹枫,女,南京工业大学机械与动力工程学院辅导员。

理问题容易急躁，不擅长处理人际关系；杨同学吃软不吃硬，不喜欢别人对他指手画脚，时间一长，二人矛盾越积越深。为了让同学们都能学会人际沟通，辅导员抓住机会，对同学进行合理引导，告诉他们合理解决宿舍矛盾的方法，教会同学们求同存异，互相帮助，共同成长。

3. 案例启发，循循善诱，引导宽容。辅导员根据自己的调查，觉得问题的根源是尹同学与杨同学性格不合。为了让他们都能理解对方并接纳对方，辅导员叫上这两位同学进行一次深入的谈话。首先运用共情的方法对他们表示能理解，希望他们学会换位思考，把自己放在对方的角度去分析当前这个问题。然后通过案例法向两位同学讲述相关宿舍矛盾的事例，引导两位同学去发现自己与别人的不足，帮助他们主动分析自己的缺点和需要改进的地方。最后两位同学都向对方致歉，并就今后要改进的地方做出承诺。

## 经验与启示

1. 从学生的学习生活中全面了解学生之间的矛盾。对于存在矛盾的学生，要理性帮其分析矛盾，剖析双方存在的问题，辅导员要多渠道了解涉事学生的日常生活、学习，以便正确解决矛盾。

2. 从学生心理疏导入手处理宿舍矛盾。首先，明确如果是学生性格问题，调换宿舍根本解决不了问题；其次，轻易将同学调到别的宿舍，易导致被调换的同学难以被其他宿舍接纳，这样不利于学生心理健康发展。

3. 辅导员要考虑学生的综合长远发展。发现问题时，要努力找到问题的根源，积极帮助学生成长；解决问题时，不管学生有没有错，都要尊重学生，引导他们主动认识自己的问题和不足，让他们自己找到解决问题的方法。

## 专家点评

辅导员在处理宿舍矛盾的过程中，没有听信一方之言，而是进行了充分的调查，在教会学生自省、引导学生找原因和缺点的同时，告诉学生要解决问题必须从自身出发。该案例中，辅导员的做法非常好，值得借鉴。

——孙宇（南京工业大学机械与动力工程学院副书记）

# 面对面沟通交流，妥善解决宿舍矛盾

范楚晗[①]

## 案例简介

某寝室的4名学生提出要求换宿舍，理由是宿舍实在是住不下去了，有2名本地学生形成小团体，正与宿舍里的另外2名学生进行“内战”，双方互不搭理，关系甚为紧张，自觉住在宿舍里太压抑，严重影响到正常的学习和生活。

## 案例定性分析

此案例反映的是宿舍矛盾导致的影响正常生活等问题。

## 问题关键点

1. 如何解决宿舍产生的矛盾和纠纷问题?

2. 如何引导学生面对面地进行交流，寻求问题的解决方法?

## 解决思路和实施办法

1. 深入宿舍，主动约谈。辅导员深入问题宿舍，与4名学生一对一地交流，了解并掌握每一位同学的想法。辅导员从自己的大学住校经历入手，引起4位学生的共鸣，并了解此问题产生的原因，淡化事情经过，不追究矛盾本身的对错，考虑学生的心理承受能力，从心理辅导上入手来帮助和教育他们。

2. 适当介入，正面引导。在宿舍事务处理过程中，不同的学生会有不同的处理方式，有时候一个地区的同学还会形成小团体，尤其是涉及个人利益时，存在错误思想观念的同学就会比较自我，进而引发宿舍内部的激烈矛盾。结合这种情况，辅导员充分认识到学生成长经历的差异性，在组织谈话的时候，正面引导，重点纠正学生“自私”“任性”的特性，让宿舍成员认识到过于自我的处事方式对其他同学造成的伤害和影响，帮助这些同学纠正不良思想观念。

3. 积极调适，化解矛盾。辅导员根据自身的经历对不同地域文化的看法进行阐述，在轻松的气氛中引导宿舍各成员对家乡文化、思想观念、生活习性、民俗风情等进行探讨，促进宿舍成员的相互了解，引导宿舍成员间深入了解，鼓励4名学生敞开胸怀大胆表达自己的想法，换位思考，在无形中化解宿舍矛盾。

---

① 范楚晗，女，南京工业大学电气工程与控制科学学院辅导员。

## 经验与启示

1. 以人为本，引导学生人际交往。以人为本来解决学生之间的矛盾，特别是宿舍里的人际关系矛盾，可以为学生创建和谐的学习和生活环境。宿舍是大学生学习和生活的重要场所，学生来自四面八方，性格、家庭条件等各有不同，很容易发生矛盾。辅导员要积极主动地帮助学生解决宿舍小问题，关心同学、帮助学生，努力做他们的良师益友。

2. 辅导员要通过全方位、多渠道了解问题的本质，为顺利解决问题打下坚实的基础。作为辅导员，不能人云亦云，矛盾出现后，要多做调查研究，多询问身边的同学、老师等对事情的看法，如果涉及学生的名誉、个人隐私等一定要给予保护，以免使学生受到不应有的伤害。

3. 辅导员要尊重学生、热爱学生。现在的学生思维活跃，发生矛盾后必须让他们说出自己的观点，辅导员应正确引导、循循善诱，要尊重学生、平等对话，时刻关注矛盾双方，适当地给予干预，让学生学会处理人际关系，促进学生的身心健康发展。

## 专家点评

宿舍是大学生学习、生活、工作的重要场所，为大学生的健康成长提供了环境支持，影响着他们的发展。本案例中，辅导员针对学生宿舍矛盾，及时协调沟通，对症下药，注重团队和集体的协同作业能力，妥善化解矛盾。辅导员危机处理能力的提升，努力构建健康、和谐的宿舍文化，是解决宿舍问题的有效途径。

——季宜敬（南京工业大学电气工程与控制科学学院党委副书记）

# 快速介入，及时沟通，轻松化解寝室矛盾

吴雨婷[①]

## 案例简介

某天下午，测控某班王同学突然来到辅导员办公室，说被同寝室的谭同学打了，眼角有一点红肿。辅导员了解了来龙去脉后安慰了他，因为伤势不严重，让他先去上课。辅导员通过短信、微信等方式向同寝室的其他同学了解王、谭两位同学起冲突的大致情况，在王、谭两位同学下课后请他们一起来办公室，当面详细了解具体冲突情况。

## 案例定性分析

此案例反映的是由寝室矛盾引发的打架事件。

## 问题关键点

1. 如何快速了解同寝室同学起冲突的原因，并尽快平息此纠纷带来的不良影响？

2. 如何消除当事人心中的隔阂，营造温馨的寝室环境？

## 解决思路和实施办法

1. 及时约谈，分析原因。下课后，辅导员和王同学来到体育馆找到了谭同学，问及打人缘由时，谭同学说自己身为生活委员，理应监督同学打扫卫生，可是王同学多次拒绝承担打扫义务，导致班级卫生成绩下降。王同学则认为谭同学仗着自己是生活委员，颐指气使让他打扫卫生，自己觉得很委屈。另外，其他生活作息习惯的不同导致二人矛盾在一年内激化，致使发生打架事件。

2. 提供场所，交心谈话。师生三人返回办公室，辅导员让他们将自己对对方的意见都说出来，并且很认真地倾听。虽然都是生活中鸡毛蒜皮的小事，却不能忽视，因为这是积聚成大矛盾甚至安全事故的原因。他们各自发泄完对对方的不满后，辅导员让他们说出对方的3个优点。起初他们很惊讶，不明白在如此剑拔弩张的时刻老师怎么会有这样的提议，随后显得很不安，因为刚刚在说对方缺点的时候没有给对方留下半点情面。在辅导员的鼓励下，他们试着说出对方的优点，从热情、诚实、开朗等泛泛而谈，到后来的具体事例，比如在王同学学习上遇到困难的时候，是谭同学每天带他去自习教室学习；王同学在遭遇家庭变故的时候，也是谭同学陪在他身边，说着说着二人相拥而泣，和对方不停地说“对不起”。两个中午还拳脚相向的同学，即刻将此前的委屈、愤恨化作感激的泪水，冰释前嫌，握手言和。

---

① 吴雨婷，女，南京工业大学电气工程与控制科学学院辅导员。

3. 君子协定，沟通为要。待情绪稳定后，两位同学感激地看着辅导员，感谢辅导员给他们提供化解误会的机会，如果没有辅导员的及时介入，他们都不敢相信自己会对对方做出什么出格的事情。辅导员告诉他们，能成为室友是缘分，四年时光如白驹过隙，要守望相助、互相珍惜。他们表示认同。辅导员要求他们立下君子协定，以后再出现意见不合时及时沟通，切不可意气用事、动手打人、违反校纪校规。

## 经验与启示

1. 辅导员在遇到寝室问题时千万不能掉以轻心，要弄清事实，做出正确引导。平时要强化寝室集体意识，建立寝室公约，经常走访宿舍，及时发现问题。处理问题时，要将大问题化为小问题，将小问题及时解决。尤其注意在保护学生自尊心的同时，帮助他们建立健全的人格、营造健康的心理，为他们烹制“心灵鸡汤”。

2. 用耐心、爱心、恒心帮助学生渡过难关。对于老师而言，每一个学生都是需要关心呵护的孩子，他们的内心比较脆弱，需要存在感。老师要及时发现问题，耐心分析、开导他们直视问题，并努力及时解决问题。老师要有爱心和包容之心，不能将犯错误的学生全盘否定，要相信他们有改过自新的愿望和能力。老师要有恒心，即使学生不能很快改正错误，也需要持之以恒地帮助他们渡过难关。

## 专家点评

大学生不能妥善解决与室友之间的摩擦和矛盾，实际上是缺乏良好人际交往和沟通能力的体现，如不能加以正确引导而任其自由发展，将会导致更大的矛盾甚至是悲剧。本案例中，辅导员及时了解整个事件的过程，分析原因，对症下药，帮助两位学生解除隔阂、重拾友谊，不失为一个优秀的案例。

——季宜敬（南京工业大学电气工程与控制科学学院党委副书记）

# 落实责任齐抓共管,争创文明寝室

黄晨晨[①]

## 案例简介

大二男生小李,担任班级团支书,学习认真刻苦,各门功课成绩优秀。小李所在宿舍其他同学卫生习惯不佳,经常不打扫宿舍卫生,早上起床不叠被子,小李同学担心影响宿舍评分,甚至经常帮舍友叠被子。但即便如此,他所在的宿舍上学期还是与"卫生宿舍"无缘,导致小李同学奖学金降等,影响到了小李的各项评比。小李对此十分苦恼,找到辅导员要求调换宿舍。

## 案例定性分析

此案例反映的是优秀学生因宿舍个别同学卫生习惯不佳而影响各类奖项评定,并导致寝室矛盾的问题。

## 问题关键点

1. 如何引导小李树立正确的观念、采取正确的方法处理问题,而不是回避问题?

2. 如何帮助小李解决宿舍卫生较差的问题,建立和谐的寝室关系?

## 解决思路和实施办法

1. 认真倾听,感同身受,建立信任。辅导员在与小李的谈话过程中,认真倾听小李对宿舍存在问题的分析,其间通过点头示意等方式传递老师对他所陈述问题的重视,让他感受到老师对其因宿舍卫生不合格导致奖学金降等而产生苦恼心情的理解,感受到老师的诚心和对其学业的关怀,建立基本的信任关系。

2. 针对问题,合理分析,引导认识。辅导员耐心倾听小李的陈述,及时对其情绪进行适当的正面安抚。同时,向小李说明学院宿舍床位紧张的现状,调换宿舍后无法与本专业同年级学生同住,不利于其学业的发展,并且调换后的宿舍也无法保证卫生情况不出现问题。积极引导小李树立正确的观念,遇到问题时应积极想方设法去解决问题,而不是采取逃避的态度。

3. 多方沟通,重点关注,解决问题。针对宿舍卫生较差、考核不合格的现状,辅导员与小李宿舍的其他成员进行沟通交流,从自身健康、行为习惯、同学感情、评奖评优等方面说明宿舍卫生的重要性,帮助他们建立打扫卫生的意识。在沟通过程中,辅导员注意与小李舍友

---

① 黄晨晨,女,南京工业大学土木工程学院辅导员。

的沟通方式，不让其他同学对小李产生不好的看法，注意对寝室和谐氛围的维护。在此基础上，辅导员帮助他们建立宿舍卫生打扫机制，如安排值日表、包干区等，将打扫落实到人、落实到区；建立问责机制，如当天卫生检查不合格，则由当天负责值日的同学向辅导员说明情况。

4. 班委参与，勤下宿舍，持续关注。辅导员落实班委责任，定期组织开展班级宿舍卫生自查活动，针对班级内宿舍存在问题进行自查自改，班委负责监督完成，并向辅导员汇报整改情况；生活委员每周将班级宿舍卫生检查情况上报辅导员，辅导员及时与卫生不合格宿舍同学取得联系，要求及时整改，并重点关注小李宿舍的卫生整改情况；辅导员经常下宿舍了解卫生情况，对宿舍存在的问题给出整改意见。通过以上方法，建立起全员参与管理宿舍卫生的长效机制。

## 经验与启示

1. 教会学生解决问题的方法。对于要求调换宿舍的学生，在详细了解情况后，如问题可以积极解决，则应该帮助学生通过多种方法解决问题，而不是直接调换宿舍了事。应教会学生处理问题的方法，积极面对困难，而不是遇事逃避。同时，注意对学生和谐寝室氛围的维护。学生问题无小事，作为一名辅导员，要用爱心、耐心和诚心倾听学生的困难，而不是采用最简单但却不一定是对学生最好的方法去解决问题。

2. 充分发挥学生干部在班级内的自我管理功能。学生干部是大学生思想政治教育的重要依靠力量和得力助手，针对宿舍卫生较差的问题，可以充分发挥学生干部在班级内的自我管理功能，建立起强有力的以教师为主导、以学生为主体的管理机制，共同做好班级宿舍卫生管理工作。

3. 辅导员要勤下宿舍，了解学生的宿舍卫生情况及思想动向。宿舍是班级学风建设和文化建设的重要部分，辅导员应深入宿舍，与学生面对面交流，了解学生生活状况及困难，查找宿舍安全隐患和存在的问题，有针对性地给予学生帮助和指导，引导学生良好习惯的养成。

## 专家点评

学生宿舍是大学生课堂之外的重要活动场所，是加强大学生思想道德教育的重要阵地。和谐的寝室氛围对大学生学习、生活及班级建设有重要影响。本案例中，辅导员针对学生因舍友卫生习惯差、宿舍不合格影响评比而要求调换宿舍的问题，正确对该生进行引导，并建立宿舍管理机制，对症下药，帮助学生正确面对问题、妥善解决问题，不失为一个优秀的案例。

——熊中宏（南京工业大学法政学院党委书记）

# 突发事件篇

# 预防、应对、稳定，突发事件处置得力

高校突发事件是指由于自然、人为或社会政治原因引发的，对学校正常的生活和教学秩序造成较大冲击和破坏的，严重者甚至会危及社会秩序和政治稳定的各类紧急事件，一般包括群体性政治行为失范、意外伤害事件、消防安全事件、心理健康事件、公共卫生安全事件、网络安全事件等。近年来，随着我国社会转型加速和高等教育改革的不断深化，再加上网络信息技术的飞速发展，高校突发事件呈现明显增多趋势，而且其社会影响也越来越大。在这种形势下，有效预防和妥善处置高校突发事件是新时代高校思想政治教育的重要内容，是高校"立德树人"根本任务的基本要求。对于致力于培养社会主义合格建设者和可靠接班人的高校而言，坚持"以人为本""以人民为中心"的发展理念，就是要以教育人、培养人为根本目标，理应在预防和处置突发事件中发挥育人作用。

学校从事业发展的全局出发，高度重视突发事件预防和处置工作，成立了以党委书记为组长的突发事件预防处置工作领导小组，明确了突发事件预防处置工作的战略地位、职责使命、路径方法，厘清了预防和处置的辩证关系，部署了有关工作，推动预防突发事件取得显著成效；结合学校实际，制定详细的突发事件预防处置工作预案，构建科学、及时、有效的突发事件预防处置工作体系，组建常态化、层级式、全覆盖的突发事件预防处置工作队伍，不断探索预防处置突发事件工作新模式；结合学生的时代特点、共性问题，开展有针对性的教育活动，引导广大学生自觉树立正确的世界观、价值观和人生观；强化学生主人翁意识，提高学生"自我教育、自我管理、自我服务"的能力，充分发挥学生的能动作用，积极探索"朋辈教育"在预防突发事件中的重要作用；加强学工队伍建设，开展专业培训，增强能力本领，提高预防和处置突发事件的专业化水平；着力打造信息沟通平台建设，扩大"校长与你有约"品牌活动影响力，出台《关于进一步完善学生交流机制的实施办法》，进一步拓宽学校与学生的沟通交流渠道，让学生在碰到问题时有门可进、有人可找、有话可说，对学生关切的重大问题、普遍问题及早知情，尽快妥善解决。

在本章所选取的9篇案例中，既有群体性突发事件，又有个体性突发事件，涵盖了突发疾病、学业困难、心理障碍、交通意外等各种容易引发突发事件的情况；既有预防措施得当的案例，也有处置效果良好的案例，代表性较强。它们是既源于实践又高于实践的理论成果，成为处理相似突发事件的"操作手册”，具有很强的实践指导意义。每篇案例都详细描述了事件的起因、经过、处理方案、结果，有关专家对案例做了精心点评。应该说，这些案例是学校突发事件案例库的缩影，是学校有效预防和妥善处置突发事件的阶段性成果，是一线学生工作管理干部的宝贵经验，凝聚了大量的心血和智慧，成为今后有效预防和妥善处置突发事件的“南工方案”，为学校高水平大学内涵建设做出了积极的贡献。

# “快递门”事件的启示

付昌义[①]

## 案例简介

T高校学生宿舍区离学校门口较远，走路一般要半个小时以上。因为快递不允许进入校园，快递员也不愿意等学生半个小时以上，所以学生的快递一般都由快递员交由学校门口旁边的报刊亭代为签收，报刊亭也借此要收每位同学一元钱的取件费，给出的理由一是通知学生要发短信，二是代为保管快递需要费用。长此以往，学生怨言较多。

2010年5月11日，T高校一女生去学校门口报刊亭拿快递，因为认为收取一元钱的取件费是没有道理的，于是拒付一元钱。闹僵后，报刊亭老板娘叫骂着要找人来修理该女生及其同伴。于是，该女生在校内及论坛发帖，声援者众，大家义愤填膺，相约于T高校网络论坛9周年庆(5月16日)之前，齐聚报刊亭，以吃杂粮饼为由到校外进行游行示威。

经过T高校网络论坛几天的酝酿，5月16日下午在T高校门口报刊亭的广场上聚集了数千名大学生，学生围住报刊亭，以喊口号、拉横幅的形式对报刊亭老板进行抗议。由于T高校门口地处高速公路入口附近，这一事件很快引起了路人的围观。一个小小的事情迅速上升成一个学生聚集的群体性突发事件。

## 案例定性分析

这是一起典型的新媒体影响下的高校学生群体性突发事件。

## 问题关键点

如何在第一时间处理解决该事件，以免失控?

## 解决思路和实施办法

(一) 解决思路

解决高校学生突发事件的指导思想是切实保障学生利益，注重全程管理，提高防范意识，确保学校和社会稳定。而解决本案例的思路关键要求注意“第一时间、真诚沟通、承担责任、系统运行”的突发事件处理原则，具体而言包括坚持如下四个方面的原则。

一是坚持“第一时间，减少伤害”。对学生突发事件快速反应，对于新媒体事件要第一时间采取回应行动，将可能的伤害和影响降到最低程度。

二是坚持“教育疏导，真诚沟通”。学校派专人深入学生中了解情况，加强正面教育和疏

① 付昌义，男，南京工业大学机械与动力工程学院学生事务办公室主任。

导，及时化解各类矛盾。

三是坚持“系统运行，合法公正”。对突发事件的处理要以学校和社会的稳定为基础，学生处、宣传部、保卫处等各部门配合，以法律为准绳，公正、合理、合法地处理。

四是坚持“承担责任，化解矛盾”。对突发事件的后续处理，要注意区分责任，对于责任人要根据问题大小分别给予校纪、党纪、法律的处理；对于造成的各方面矛盾要从制度、措施等方面给予解决，避免类似事情再次发生。

（二）实施办法

针对此次“快递门”事件，T 高校采用了如下办法进行处理：

1. 立即启动《T 高校学生突发事件应急管理预案》。

2. 学校学生突发事件应急指挥领导小组要求全校学生工作管理人员，包括各院系分管学生工作的副书记、辅导员，立即到事情发生的第一线安抚学生，保卫处派出校园保安到现场维持秩序，避免事态扩大。

3. 学校学生突发事件应急指挥领导小组召集学生处、校办、宣传部、保卫处、团委、后勤集团等多部门联合办公，讨论解决对策。

4. 学校学生突发事件应急指挥领导小组与学生代表进行对话，了解学生的诉求。

5. 根据现场工作人员反馈的情况和对学生代表诉求的了解，学校学生突发事件应急指挥领导小组讨论研究后制定出如下对策：

（1）学校将统一在校内设收发点，取快递不收取任何费用。

（2）一旦发生收发问题，学生应及时联系快递公司，不要与校外人员交涉。

（3）学校将进一步做好保卫工作，保护学生的正当权利；对校外车辆进出校园进行登记，确保校园秩序；对校园周边环境进行整治。

（4）学生自身应加强防范意识，如出现问题，及时向保卫部门报告。

（5）学生要严格遵守校纪校规。

（6）学校学生突发事件应急指挥领导小组利用校园网络论坛、校园广播以及请现场工作人员、学生代表广泛宣传学校的对策，并要求传达到全校每一位学生。

（7）现场学生工作管理人员和校园保安向学生解释学校的原则和对策，尽快疏散现场人群。

（8）突发事情结束后，学校对于事件进行调查了解，并形成一份详尽的事件说明及处理材料。同时，学校安排各部门对承诺的决定进行相应处理，处理完毕后要求各级学生工作管理人员积极妥善地做好其他学生的思想稳定工作。

经过有序的实施上述对策之后，聚集的人群慢慢散去，这起因一元快递取件费引发的学生群体性突发事件很快平息。后续，T 高校没有再发生快递收发事件。

## 经验与启示

1. 高校要制定学生突发事件应急管理预案。高校学生突发事件虽然事起突然，但应防患于未然，应早早制定突发事件应急管理预案，并定期进行演习。一旦突发事件爆发，大家只要按照预案执行，第一时间及时应对，就一定会应对得当，将事件很好地解决。

2. 学生突发事件应急管理预案中要有预警机制。高校学生突发事件会有先兆，只要预防得当，是可以避免某些事情发生的。就本事件而言，一周前在网络上就有此类事件呼吁，如果 T 高校在应急管理机构中有网络预警措施，这类事件是可以早些发现，并能遏制在萌芽状态的。所以，在应急管理预案的制定中，不能一味地关心事情发生后如何处理，还应该有突发事件预警机制，早日关注各类突发事件的苗头，就可以早日将突发事件遏制在萌芽。

3. 高校学生突发事件要及时总结管理的经验教训。高校学生突发事件初看是突发、偶发事件，但一定有高校管理工作不完善的前因。因此，在突发事件发生后，应及时总结经验教训，对高校管理工作及时梳理，避免类似的错漏再次发生。如此次"一元门"事件中，如果高校能早日发现学生收取快递的问题，同意快递公司进校园设点，此次事件是可以避免的。所以，在高校管理工作中要及时建立学生与管理层沟通的渠道，避免因小事引发突发事件。

4. 高校管理要妥善利用新媒体。新媒体是一柄双刃剑，即能帮助我们及时处理高校学生突发事件，也能恶化高校学生突发事件，关键在于我们能否妥善利用这一新型工具，发挥其优点，避免其缺点。所以，应尽快培养出一支高校新媒体管理队伍，这是目前工作的重中之重。

## 专家点评

自 21 世纪以来，高校学生突发事件的发生带有很多新媒体的特点。在这些事件中，新媒体往往成为突发事件酝酿和发酵的平台，在事件发生后也成为推波助澜的动力。而在应对这些事件的过程中，高校管理部门又表现出了各种问题，这些都给我们构建和谐校园带来了很多不安定的因素。因此，研究新媒体环境下的高校学生突发事件应急管理成为目前高校应急管理研究一个新热点。本案例中，辅导员针对新媒体影响的特点，结合危机管理理论，根据第一时间、真诚沟通、承担责任、系统运行的处理原则，合理给出处理对策，不失为一个优秀案例。

——孙宇（南京工业大学机械与动力工程学院党委副书记）

# 规范应对，精细处置，妥善解决学生突发疾病身亡事件

王　超[①]

## 案例简介

小周同学于2016年11月6日13点30分昏倒在宿舍大厅，辅导员第一时间掌握相关信息后，于13点34分拨打120急救电话。120救护车13点45分赶到现场后将该同学送往浦口区中心医院就医，鉴于病情危重，15点34分转至江苏省人民医院进行抢救。经医治无效，于当天18点00分宣布死亡。

## 案例定性分析

此案例反映的是学生突发疾病身亡的生命安全突发事件应急处置问题。

## 问题关键点

1. 如何提高辅导员的快速反应和应急处理能力，妥善处置学生意外死亡事件，维护学校正常的教学、工作和生活秩序？

2. 如何防微杜渐，强化珍爱生命教育，切实保障学生的身心健康和生命安全？

## 解决思路和实施办法

1. 反应迅速，及时上报，全力救治。得到小周同学意外昏倒的消息之后，学院分管学生工作的负责人一方面第一时间拨打120联系救治，通知校医院组织专业人员赶往现场进行处理，安排在场的学生骨干妥善照料，同时立刻和辅导员赶往事件现场，垫付医疗费用，全程陪同抢救，全力挽救小周的生命。另一方面，根据病情的发展，准确研判事态进展，迅速启动应急处理预案，及时向学生事务部、安全保卫部和学院主要负责人进行汇报，并联系家长通报相关情况。

2. 安抚家长，人道关怀，配合善后。根据学院应急处理预案，学院分管学生工作的负责人安排有经验的老师做好家长的接待和安抚工作，配合医院主治医师客观陈述事件过程，并依照相关程序，协助做好身后事的处理。在妥善处理善后事宜的过程中，根据学校相关规定，给予关怀，看望慰问学生家长等。

3. 实事求是，有理有节，沟通协商。学院分管学生工作的负责人切实掌握学生在校表现和相关信息，精准记录整个事件处理流程，根据公安机关的调查结论，在学校主管部门授

---

① 王超，男，南京工业大学数理科学学院党委副书记。

权的前提下，代表学校在法律法规范围内有理有节地与家长开展沟通协商，妥善处理后续事宜，维护学校正常的教学、工作和生活秩序。

4. 掌握舆情，防微杜渐，心理干预。学院分管学生工作的负责人做好同年级、同班级同学的舆情监控，及时在当事人所在班级召开主题班会，并召开全院学生骨干会议，进行事件的信息发布，澄清事实。配合心理健康教育指导中心专业人员对当事人周边的同学，特别是同寝室的同学采取积极有效的心理干预和安抚措施，避免产生更大范围的应急性心理危机。

## 经验与启示

1. 处理类似应急事件务必以人为本，反应迅捷。一定要把保障学生生命安全作为处理学生突发疾病事件的出发点和主旨，一旦发生类似事件，立即严格按照学校学生突发事件应急预案的要求，迅速启动相应程序，确保发现、报告、指挥、处置等环节紧密衔接，做到快速反应，正确应对，处置果断。只有这样，才可能不留遗憾，最大限度地减少人员伤亡，在后续处理过程中，避免被学生家属诟病。

2. 提高应急处置能力务必重在规范，成于精细。学院分管学生工作的负责人和辅导员作为应急事件处理的一线人员，其危机意识和业务能力是事件能否得到妥善处理的关键环节。意识的完善和能力的提升并非一朝一夕之功，只有在平时的工作中，按照规范化和精细化的工作要求，不断历练和总结，举一反三，增强预见性，才能有效地提高应急处置能力。

3. 生命安全主题教育务必未雨绸缪，防微杜渐。根据主治医生对小周不幸身亡的临床诊断，以及事发前小周身体频频不适的情况分析，此次突发事件很可能是其体内先天肾动脉瘤破裂所致，所以生命安全教育就显得尤为重要。应当在主题教育的课程体系建设中，重视普及生命健康知识的环节，有效提升同学生命安全意识，特别是引导具有家族遗传病史、体弱多病、身体状况短时间出现巨变等情况的同学，对于身体健康和生命安全予以重视，嘱咐学生出现不适要及时就诊、系统检查，最大限度地避免悲剧和不幸的发生。

## 专家点评

学生突发意外身亡事件，一般都具有不可预判、事态发展快、关注度高、影响度广等特点，如果不能妥善处置，极易产生重大舆情，冲击学校正常的教学、工作和生活秩序，甚至会引起大范围应急性心理危机，诱发群体性事件。本案例中，辅导员面对学生突发疾病身亡的偶发事件，遵循以人为本、生命第一的原则，反应迅速、应对规范、处置精细，并能在此基础上，构建珍爱生命、关注健康的主题教育长效机制，不失为一个优秀案例。

——眭国荣（南京工业大学 2011 学院党总支书记）

# 心灵感召,唤回离校出走的三好生

付昌义[①]

## 案例简介

小黄专业成绩居年级第一,三好学生,大四时考上了本校研究生。在大四下学期的一个晚上,他的同班同学突然在QQ上留言给辅导员,说小黄因为感情受挫,有轻生的念头,并已离校出走。

## 案例定性分析

此案例反映的是学生因感情问题而离校出走的心理问题突发事件。

## 问题关键点

1. 如何第一时间找到小黄?

2. 如何引导小黄走出感情等心理问题困扰,顺利完成学业?

## 解决思路和实施办法

1. 第一时间,主动联系,及时上报。当同学告知小黄已经离校出走后,辅导员按照突发事件应对预案,第一时间和其联系,及时上报学院分管副书记和学校相关部门,并同时联系其家长。

2. 认真倾听,注意技巧,确立信任。在与心理中心咨询老师联系后,辅导员确立了以下三个步骤与小黄进行谈话:第一,共情原则。告诉小黄,辅导员能感受到他的痛苦,请他相信辅导员会帮助他解决问题。第二,确立方位。辅导员尽量从谈话中分析小黄可能前去的方位,以便为下一步找回小黄奠定基础。第三,专业协助。如果小黄不能信任或者不愿意告知辅导员所在地点时,辅导员及时寻求专业心理咨询人员的帮助,请专业心理咨询人员和他谈话。

3. 联系警察,技术定位,确立目标。辅导员及时向当地派出所报案,寻求警察等专业人员的帮助,利用技术手段对小黄进行定位。因为小黄离校并未超过24小时,原则上派出所并不会立案,但因为涉及在校大学生,警方特事特办,在请示上级领导后帮助学校利用技术手段对小黄进行定位。辅导员在与小黄不间断谈话中劝慰小黄找宾馆住下,并得知小黄住进了A宾馆。此时经公安系统查询身份证核实,发现小黄没有在A宾馆登记。辅导员又再次联系小黄,劝慰小黄住进宾馆。在辅导员的一再劝慰下,小黄住进了B宾馆。经公安系

---

① 付昌义,男,南京工业大学机械与动力工程学院学生事务办公室主任。

统查询核实,发现小黄确实在B宾馆进行了登记。辅导员迅速联系B宾馆前台,请他务必阻止小黄离开。同时,警方联系当地派出所派人到B宾馆将小黄带到当地派出所留查。辅导员在第一时间赶到了当地派出所将小黄接回学校,并请学生干部与其同住观察其动向。

4. 主动约谈,耐心疏导,真诚感化。第二天,辅导员主动与小黄进行了深入约谈。在与小黄的谈话过程中,认真倾听了小黄因为与女朋友分手,认为女朋友在感情上欺骗了他,愤而离校出走。辅导员了解和掌握小黄因感情导致离校出走问题的形成过程后,对问题成因进行分析提炼、梳理辨别,并在此基础上及时运用合理、有效的方法进行耐心疏导,用真诚和爱心给予小黄温馨的关怀和体贴,引导小黄调适心态、建立自信、重塑自我,形成健康的、积极上进的爱情观。同时,辅导员进一步把思想心理引导与学业发展辅导有机结合起来,帮助小黄认识到目前的学习即将结束,未来的生活很广阔,只要科学规划今后的生活,学习和感情都会圆满,辅导员真正发挥了心灵导航的综合效能。小黄在与辅导员的多次谈话中走出了一时的误区,走向了美好的未来。

## 经验与启示

1. 第一时间汇报工作。当得知学生离校出走后,辅导员须第一时间告知家长,让其足够重视,并上报领导和相关部门,以免后续万一发生意外而带来不利影响。

2. 心理问题不容疏忽。即使是优等生也会存在心理问题,而在这个案例中看似突然的离校出走,却又是必然的发展结果。毕业压力的增大、突然分手的刺激等促使了事件不断恶化,压抑终于爆发。辅导员对问题学生应具有敏感性,每个月心理预警库都要及时更新上报,要不定期与相关学生进行谈心,为及时处置应急事件奠定基础。

3. 工作之中要有情怀。作为一名辅导员,要用爱心、耐心和诚心与学生相处,努力成为学生的知心朋友。要尊重学生、平等对话,取得他们的信任,这样在遇到问题时才能得到很好的回馈。

4. 及时寻求专业协助。辅导员不是专业人员,寻找走失学生时应该寻求相关部门如保卫处、派出所的专业协助,这样在处理问题时才会更及时有效。另外,在遇到学生心理问题时,应该及时联系心理咨询中心,寻求专业帮助,以便用专业的方式解决问题。

5. 高校要制定学生突发事件应急管理预案。高校学生突发事件虽然事起突然,但应防患于未然。只有针对突发事件早早制定应急管理预案,并定期进行演习,一旦突发事件爆发,大家就会按照预案执行,第一时间及时应对,这样才能做到应对得当,妥善处理问题。

## 专家点评

大学生出走问题是各种矛盾和困惑的集中爆发。一旦发生大学生离校出走事件,就要迅速启动突发事件应急预案,以合法、合理、合情的原则,积极应对和妥善处置离校出走事件,及时化解危机。本案例中,辅导员针对学生离校出走的个体突发事件,及时启动应急预案,第一时间找到当事人,并在事后通过真诚沟通化解问题,反映了一名优秀辅导员的全面素质。这是一个优秀的辅导员工作案例。

——孙宇(南京工业大学机械与动力工程学院党委副书记)

# 临危不乱，稳妥处理突发事件

范楚晗[①]

## 案例简介

某天晚上，学生郭某在宿舍床上突然大叫，口吐白沫，浑身抽搐。在睡梦中的室友被这种突发情况惊醒，并立即打电话给辅导员。辅导员立即嘱咐学生拨打急救电话，并向主管学生工作的上级领导汇报此事，同时立即给郭某的家长打电话，将郭某的发病详情告知家长。辅导员迅速赶往郭某宿舍并把其护送至医院。

## 案例定性分析

此案例反映的是日常学生工作管理中出现的突发事件问题。

## 问题关键点

1. 如何有效防范此类突发事件的发生？

2. 如何临危不乱、稳妥地解决危机事态，维护校园的安全和稳定？

## 解决思路和实施办法

1. 第一时间赶到学生宿舍并将发病学生送至医院。突出性疾病带有不可预见性和紧急性，因该学生发病情况紧急，辅导员在接到信息后立即安排学生拨打急救电话，并在第一时间赶到现场，给突发事件中的学生赢得更多更宝贵的救治时间。

2. 及时将发病学生情况上报给院领导，同时告知其家长。辅导员及时将事件情况向上级主管领导汇报，突发事件能否成功处理，时间是决定性的因素。事后，辅导员及时详细记录下事情的整个发展过程，以便与家长沟通和交流。

3. 事后形成材料，供以后工作查阅借鉴。将事件如何处理、面临的主要问题、如何解决等汇总形成书面报告，以便存档，供日后查阅借鉴。

## 经验与启示

1. 辅导员应具备良好的心理素质。当突出事件发生时，辅导员应具备良好的心理素质，要临危不乱，随机应变。辅导员的工作性质比较特殊，手机要 24 小时保持开机状态，没有特殊情况不得关机。

2. 辅导员应该非常熟悉所带班级学生家长的联系方式。辅导员所在学院为了能在学

---

① 范楚晗，女，南京工业大学电气工程与控制科学学院辅导员。

生出现突发事件时第一时间通知到家长、联系上家长，每个班级都制定了学生详细情况信息表，并要求学生导入奥兰系统。家长是学生的第一监护人，有很多事情必须由家长亲自处理才妥当，如果紧急情况下因寻找不到家长的电话而浪费时间，可能会导致比较严重的后果。

3. 辅导员应在平时加强对学生突发事件的教育和教导。要让学生知道，如果发现有同学出现突发性疾病，要及时拨打急救电话，同时也要让学生了解一些常见突发性疾病的简单急救常识。辅导员应在平时加强对学生突发事件的教育及教导，这样不仅可以增强学生的自我保护意识，同时还可以加强学生之间团结互助的品德教育。

4. 辅导员还要在管理、引导学生的过程中将一些突发问题防患于未然。辅导员应认真分析学生案例，总结个案中的问题与解决案例过程中的经验。辅导员应在深入、耐心地了解学生真实情况的前提下，做好前期基础工作，防患于未然，尽量避免同类学生个案的发生。同时，应认真分析个案中存在的问题和解决过程中的经验、教训，以便能够在以后的工作中做得更加完美。

## 专家点评

高校突发事件往往具有负面影响。辅导员作为直接负责学生日常生活学习的教师，是积极防范、稳妥处理突发事件的骨干力量。可以说，辅导员能否有效防范突发事件的发生，直接关系到学生人身安全，影响到校园的和谐和安宁。本案例从学生突发疾病这一事件入手，着重论述了高校辅导员在应对突发事件中的功能，以及在日常学生工作管理中如何培养自身应对突发事件的能力。

——季宜敬（南京工业大学电气工程与控制科学学院党委副书记）

# 应对精神疾病，安全顺利为主

闵　珍[①]

## 案例简介

小斤同学在大四上学期末因一门课不及格曾将相应任课老师一顿责怪，还到校教务处给每位老师留条反映自己成绩不可能不及格。大四下学期初时，校保卫处反映该生因为连续多日骚扰女生，被保卫处带到办公室，在办公室该生情绪非常激动，在多名女生指认的情况下均不承认所犯错误。经辅导员联系，他哥哥赶来将他领回家。后辅导员与他哥哥联系了解到，小斤因为精神问题一直在吃药，但前不久他自己觉得挺好的就擅自停了药。

## 案例定性分析

此案例反映的是学生因心理健康、精神疾病导致学习、生活直接受到影响，甚至产生极端行为的问题。

## 问题关键点

1. 如何确定小斤目前心理健康的具体状况？

2. 如何联系家长及时采取积极干预措施，拟定对小斤的后期教育计划？

3. 如何做好所有被骚扰女生的安抚和心理疏导工作？

4. 如何发动相关老师、同学配合干预，共同关心，及时有效地发现问题，保证问题在可控范围？

## 解决思路和实施办法

1. 主动约访，了解情况。得知小斤的情况后，辅导员第一时间与小斤约好时间，谈话交流。但是谈话情况非常糟糕，小斤情绪非常亢奋，几乎听不进一句话，而且会在交流的过程中直接打断辅导员的讲话，讲他的想法，想法偏激。辅导员试图安抚他的情绪，他却讲完后就掉头离开，招呼都不打一下。

2. 联系家长，共商对策。辅导员意识到小斤的问题比较严重，于是和家长沟通后，向家长建议其休学一年在家调理好后再上学，但家长一再强调一吃他们带来的药就马上没有问题了。经多次协商无果后，学院同意观察一段时间视情况而定，但前提是家长一定要陪读，随时掌控他的情况。家长表示同意，并主动表示在校期间一切安全问题与学校无关。

3. 后期干预，妥善处理。对于小斤骚扰女生的事情，在家长和保卫处的共同配合下得

---

① 闵珍，女，南京工业大学土木工程学院辅导员。

到了妥善处理，家长表示后期对小斤加强教育的同时，通过药物控制不会再发生类似的事情。辅导员主动与相应任课老师联系，帮助小斤补上落下的课程，让他能顺利毕业。经过多方面努力，小斤终于修完所有课程，答辩合格，顺利毕业，并签约一家不错的单位。

## 经验与启示

1. 对于心理有障碍的同学一定要有技巧地进行交流和关爱，否则会适得其反。心理有障碍的同学，特别是案例中这类有精神疾病的学生特别敏感，和这类学生交流时一定要有技巧，有可能在交谈初始根本无法进行，但通过多形式、多次交流会让他知道老师是关心他的，不应该对老师有敌对情绪，从而从内心慢慢地把老师当成自己人来对待，交流会更通畅，有些建议会更容易听进去，从而更有利于掌控学生的实际情况并进行一定的引导。

2. 对于心理健康问题已上升到精神疾病的同学，辅导员单靠交流谈话是解决不了问题的，必须借助外力比如药物等来进行治疗。辅导员日常工作中会遇到形形色色的学生问题，多数是可以通过个人努力来解决的，但是一旦发现学生出现心理问题，除了应用一定的心理健康方面的知识外，还需同时求助更为专业的帮助，可以请心理指导中心的老师帮忙进行心理咨询，还可以根据需要带学生到脑科医院等进行诊疗，否则一旦失控后果将不堪设想。

## 专家点评

精神疾病的危害是很大的，虽然患者一般不存在意识和精神方面的障碍，但发作时不仅影响正常的作息，对家庭和社会也会有不良影响。本案例中，辅导员根据学生表现出的具体情况，结合班级同学的反映，采取了及时有效的措施，并进行定人定点的防控和细致周到的服务，从而让学生能顺利毕业并成功就业，不失为一个优秀的案例。

——熊中宏（南京工业大学法政学院党委书记）

# 校正人生坐标，扬帆再起航

陈　璟[①]

## 案例简介

陆某，男，来自单亲贫困家庭，性格内向、孤僻，经常接触社会不良青年。自入学来，陆某一直不能很好地端正自己的学习生活态度，长期迷恋网络，经常迟到、旷课，甚至夜不归宿，生活作息极不规律，学习成绩年级垫底。“十一”假期返校日班长向辅导员汇报称陆某未按时归校并且联系不上。辅导员在联系陆某未果的情况下，电话联系其家长，却发现陆某留下的家长号码是空号。第二天上午，辅导员接到了上海某律师事务所电话，称陆某在高利贷公司积欠7000余元借款，如不还款，将起诉其至法院。

## 案例定性分析

此案例反映的是学生价值观、人生观不正确以及行为习惯差的问题。

## 问题关键点

1. 如何尽快联系上陆某及其家长，了解目前该生的安全情况和思想动态？

2. 如何引导帮助陆某面对并解决眼前的困难和问题，让陆某安全及时归校？

3. 如何帮助陆某树立正确的人生观、价值观，重新规划人生发展方向，回到学习和生活的正轨？

## 解决思路和实施办法

1. 主动联系，真诚感化，确立信任。作为辅导员，对于失联的学生，除了按照程序向分管领导汇报外，还应该积极主动联系学生，关心学生的安危和心理动态。按照这个思路，辅导员通过QQ和短信等方式多次诚挚询问学生的情况，一天后，该生在QQ上留言告知目前的情况。辅导员抓住这个机会，通过询问他的生活、安全状况，传递老师对他的关心和愿意帮助其解决困难的诚心，缓解他对于被催债的恐慌，让陆某从心里感受到老师是在关心他、帮助他，从而确立信任。

2. 耐心疏导，重新规划，联系家长。得到陆某的信任后，陆某一天后返校。辅导员认真深入地和陆某进行了一次深层次的交谈，从聊天中感受到陆某思想上的压力和内心的茫然无助，并且了解到陆某经社会上的“朋友”介绍，试图借贷投资致富，结果被骗。

面对人生价值观出现偏差的学生，辅导员应及时有策略地进行疏导校正。首先，辅导员

---

① 陈璟，女，南京工业大学化学与分子工程学院辅导员。

鼓励陆某勇于面对错误，对于自己欠债勇于承担，建议其家长帮助陆某解决当下债务问题，以免引起法律纠纷而影响陆某正常的生活和学习。其次，正确引导陆某学习生活的重心，告诉陆某，作为学生，只有将专业知识学好，自身健康成长，未来才有希望，才能真正实现致富。最后，积极联系家长。家人对学生的影响往往是深远而重大的，通过与其家长联系沟通，让家长配合协作，让学生感受到温暖和自身的存在感，从而对学生的人生观产生影响。

3. 用爱感化，朋辈教育，勇于改变。作为辅导员，对于问题学生的感化不是一次、两次谈话就能达到目的，辅导员要不断地对问题学生进行关注和关心，让学生感受到辅导员老师的温暖。班级力量也是感化问题学生的重要渠道，辅导员发动学生骨干和宿舍同学对陆某进行学习、生活上的帮扶，在日常生活中对其给予关心和鼓励，从而让陆某感受到周围同学的正能量，远离社会不良青年，正确规划大学生活，勇于改变自己，积极参与班级集体生活，人生观、价值观得以校正。

## 经验与启示

1. 辅导员应具备高度的责任心，要及时关注学生的思想动态和行为行踪，并发动学生骨干力量，把握学生动态。

2. 作为一名辅导员，应学会用仁爱去关心学生，不能一味地批评指责，要深入学生内心，帮助他们解决问题，与学生之间建立深厚的感情基础。改变学生要从内心去改变，要尊重学生、理解学生，用真诚的态度让学生感受到关爱，让学生从内心去接受帮助和关爱，让他们勇于正视自己的错误。

## 专家点评

高校辅导员承担着教育、管理、指导大学生的重要任务，对大学生成长成才起着至关重要的作用。本案例中，辅导员本着真诚的态度帮助学生、从学生的角度解决学生困难、用爱去化解学生的错误，让学生从内心深处认识到自己的错误，从而起到了真正教育人的目的。

——于葳(南京工业大学化学与分子工程学院党委副书记)

# 用仁爱驱走心霾，以责任构筑屏障

戴晓琳[①]

## 案例简介

春夏之交的时节，小舒同学晚自习结束后，独自进入教学楼的女厕，不幸遭遇裸露下体的不明男子猥亵。小舒同学大叫着逃离现场，冲出教学楼求助路过的学生和附近的保卫处。事发后，小舒同学因受到巨大惊吓导致严重失眠，不能进行正常的学习和生活。小舒的父亲远在千里之外，得知此事后因担心女儿情绪较为激动。该事件通过网络迅速传播，众多女学生因此事感到在校园内没有安全感而恐慌。

## 案例定性分析

此案例反映的是学生因遭受不法侵害而导致严重后果的突发事件处理问题。

## 问题关键点

1. 如何帮助小舒同学逐步消除心理阴影，回归正常生活？
2. 如何消除女学生群体因此事造成的恐慌？
3. 如何与小舒父亲进行有效沟通，做好善后工作？

## 解决思路和实施办法

1. 及时了解，掌握信息，控制局势。辅导员及时了解信息，通过小舒本人、保卫处值班老师、周边同学的信息汇总还原事件的全过程，控制谣言的传播。

2. 应急响应，现场处理，安抚学生。辅导员第一时间去宿舍看望受到惊吓的小舒，陪同她一起到保卫处、公安局做笔录。在保卫处通报抓获一名嫌疑人后，辅导员及时陪同小舒进行指认。在小舒情绪还未平复时，辅导员安排班委、党员、室友时刻陪同，并联系学校心理健康中心的老师进行专业疏导。

3. 信息通报，妥善处理，杜绝后患。辅导员及时向小舒的父亲通报此事的进展，表达学校的关注和关心，直至小舒精神状态恢复到良好。同时，学校邀请公安局民警为学院全体女学生做夏季“防狼”专题讲座，提醒广大女学生防患于未然。

## 经验与启示

1. 对突发事件及时进行信息公开，消除影响。对于在学生群体中有恶劣影响的事件，

---

① 戴晓琳，女，南京工业大学经济与管理学院辅导员。

应及时通报事件经过，公开调查进展，安抚学生情绪。不提供虚假情况，不隐瞒事实真相，并及时传授预防此类侵害事件的有效方法。

2. 本着仁爱与责任的理念，做学生最强有力的依靠。校园里有很多弱势群体，受到生活打击的学生、心理素质薄弱的学生、家庭经济困难的学生等，他们远离家乡、远离父母在外求学，最渴望一个坚强有力的依靠来帮助他们面对人间锋利，辅导员当仁不让应该担任这个角色。在每一个需要依靠的时刻，用陪伴这种身体力行的方式让学生感受到老师发自肺腑的关心与疼爱。

## 专家点评

高校突发事件是学生工作中最难解决的问题。在突发事件应急处理过程中，各相关人员应快速联动，做好家长的及时有效沟通，及时准确地发布信息，稳定学生情绪，评估分析，总结反思，这是突发事件的应急对策。本案例中，辅导员针对女学生因遭遇猥亵的不法侵害而受到创伤，配合学校各有关部门及时进行疏导和应对，控制谣言的传播，帮助受害学生走出阴影，有效总结和预防，不失为一个优秀的案例。

——眭国荣（南京工业大学 2011 学院党总支书记）

# 用爱找回学生失去的记忆

罗圣辰[①]

## 案例简介

某班学生一起租自行车骑行到学校附近的森林公园进行户外拓展活动。途中小张同学不慎摔倒，从自行车上跌落到地面。见小张同学摔倒，同学们立刻停车，围绕到小张同学身边，并询问具体情况。此时，小张同学头脑清晰，口齿流利，能够迅速回答同学的问题，并表示没有内伤，不用担心。班级里的校红十字会的同学，立刻给小张进行简单的检查，认为并无骨折，并对膝盖及手臂的擦伤进行伤口清洁处理及包扎。看小张并无大碍后，大家继续骑行，小张也再次骑上自行车一同前往。路程中，一直有同学骑在小张左右，并且询问他有没有不舒服。随后，同学发现，小张同学说话前言不搭后语，刚才问过的问题会反复提问，并且不记得自己刚才摔倒过，甚至不记得班级在搞集体活动。班长立刻将情况报告给辅导员。

## 案例定性分析

此案例反映的是学生遭遇意外受伤的突发事件处理问题。

## 问题关键点

1. 如何帮助小张尽快就医、寻求专业医疗帮助？
2. 如何妥善处理好家长的相关工作？
3. 如何引导小张乐观地面对此事？

## 解决思路和实施办法

1. 妥善安排就医，第一时间赶到医院陪护。接到班长的电话后，辅导员立刻进行简明扼要的情况了解，判定事情紧急，即刻安排3位责任心较强且了解情况的同学陪同就医，随即向学院分管学生工作的党委副书记汇报，并立刻赶去医院。到达医院时，小张同学等人还没有到，辅导员迅速办理好挂号等基本手续，避免浪费就医时间。小张同学到达之后，辅导员全程陪同小张就诊，医生初步诊断为暂时性短暂失忆，并要求拍CT再进行进一步诊断。

2. 详细了解事发经过，妥善与家长沟通。辅导员向3位陪同的同学仔细询问事发经过，了解事情的来龙去脉。随后，辅导员打电话给小张同学的妈妈，把事情经过做了详细叙述，并告诉小张妈妈，目前正在全程陪同小张同学就诊，诊断结果为暂时性短暂失忆。CT结果暂未出来，出来后会第一时间告知家长，并且马上会带小张同学吃晚饭，宽慰家长不要

---

① 罗圣辰，女，南京工业大学经济与管理学院辅导员。

担心。

3. 全面处理医保、缓考、课程请假事宜，解决学生后顾之忧。辅导员迅速查询小张同学医保情况，并保管好就医期间所有单据。辅导员了解到小张同学第二天会有一门考试，考虑到其当前身体情况，认为不适合参加考试，随后，与学院教务老师取得联系，为小张申请缓考，并安排同学帮助小张同学准备缓考申请材料。同时，帮助小张同学进行相关课程请假手续的办理，让小张同学可以安心治疗。

## 经验与启示

1. 在高校教育管理工作中，应注意大学生安全意识教育。大学生正值青春时期，热爱集体活动及户外运动。辅导员可以通过开展主题班会等形式，借助具体案例，告诫广大同学一定要注意自身安全。

2. 高校应开展提升辅导员正确应对突发事件能力的专题培训。在辅导员业务培训方面，可增加实践培训，增加案例教学、案例交流等培训内容，提高辅导员正确处理突发事件的能力，提高辅导员的专业化水平。

## 专家点评

高校学生突发事件的处理反映辅导员工作的基本功。在生活、学习过程中，影响学生身体健康和安全突发事件难免发生。对突发事件及时有效的处理，对于关爱学生、及时化解突发事件的不利影响至关重要。本案例中，辅导员能够按照学生突发事件应急预案的基本原则，及时应对，针对性地处理，是一个优秀的案例。

——刘涛（南京工业大学党委办公室副主任）

# 贴心帮扶，抚平学生车祸之痛

杨曼婷[①]

## 案例简介

小孙同学大学四年一直品学兼优，是老师们和同学们眼中的好学生。但是大四上学期一场突如其来的车祸改变了小孙的生活，病床上一躺数月，错过招聘季，巨额医药费等问题接踵而来。

## 案例定性分析

此案例反映的是学生遭遇突发事件后面临的一系列问题。

## 问题关键点

1. 如何帮助小孙面对突发事件，解决眼前的困难？
2. 如何引导小孙树立信心，科学规划毕业就业等问题，回归正确的成长轨道？

## 解决思路和实施办法

1. 第一时间现场处理。当得知小孙遭遇车祸后，辅导员第一时间汇报领导并赶往医院。抵达医院后，通过医生了解小孙的伤情，通过警察了解车祸的经过并向警察提供小孙的基本信息。最大程度上给予小孙安慰，尽力缓解小孙的慌乱，让其感受到老师的关心以及老师所带来的安全感。另外，请小孙同宿舍的同学到医院一起照顾小孙，最后给小孙的家人打电话告知此事，并请他们尽快过来照顾小孙。

2. 积极协调，解决医药费用。小孙入院后的第二天，医院通知需转至大医院尽快做手术。在了解小孙家具体情况后发现，小孙是家里第三个孩子，父母年纪较大且收入微薄，肇事者无能力支付医药费且保险公司流程烦冗。通过了解学校政策，辅导员为小孙担保向校医院借出 2 万元钱应急，小孙只需在毕业前还清此笔钱即可。这笔钱的及时借出解决小孙一家的燃眉之急，小孙一家对此很感激。

3. 精神上支持，心理上安慰。面对飞来横祸，小孙从一开始的惊慌失措到后来的消极低沉，辅导员经常组织班级同学去医院看望小孙，并给小孙讲述学校和班级发生了哪些有意思的事情，让小孙在同学情中找回快乐。同时，学院领导亲自到医院慰问，让小孙心里感到特别温暖。此外，辅导员老师的悉心陪伴和耐心指导，让小孙迅速走出阴霾，明白意外不是她的错，她应该在这次意外中变得更加坚强。除了努力配合医生治疗外，辅导员鼓励小孙坚

① 杨曼婷，女，南京工业大学经济与管理学院辅导员。

持学习，以便出院后能迅速赶上大家的学习进度。

4. 制定规划，完成毕业就业双任务。小孙一躺数月，等小孙出院回到校园的时候，校园招聘已进入尾声，毕业近在咫尺。辅导员首先建议小孙赶紧完成落下的学业，尽快和论文指导老师沟通，完成毕业所需的各项任务。同时，对小孙单独进行就业指导，帮她了解就业形势，指导她修改简历以及如何面对不同形式的面试，有针对地进行择业就业。最后，小孙顺利毕业，并很快在自己的老家找到一份满意的工作。

## 经验与启示

1. 面对突发事件，着眼于紧急而重要的问题。对于突发事件，首先要有轻重缓急的意识，先解决眼前迫切需要解决的问题，后续问题将迎刃而解。面对突发事件，当事者一定是惊慌失措的，这个时候，辅导员一定要沉着冷静。

2. 动用身边的力量，为工作开辟一条光明的道路。辅导员处理突发事件时，除了平时的积累，领导和前辈是最好的指明灯，他们会无私地分享经验。另外，学生的力量是无穷的，学会利用无穷的力量会让工作事半功倍。

3. 作为一名辅导员，要用爱心、耐心和诚心与学生相处，努力成为学生的知心朋友。要尊重学生并给予他们帮助，让他们从内心发现老师是在帮他，促使他们内心转化，真正树立自信。

## 专家点评

学生遭遇突发事件，尤其是交通事故，一般都具有后果严重、关注度高、生活学习不便等特点。面对学生遭遇交通事故的突发事件，本案例中，辅导员遵循以人为本、快速反应的原则，做到正确应对、处置合理，并能在此基础上，关注学生学业、就业等后继一系列问题，通过长期跟踪教育和指导，将事故不利影响进行有效化解，是一个优秀的案例。

——刘涛（南京工业大学党委办公室副主任）

# 资助育人篇

# 资助励志并举，真情感恩薪火相传

高校学生资助工作是实现教育公平的重要举措，是社会主义教育的本质要求。新时代赋予高校学生资助工作新的内涵，提出了新的要求，就是要把育人摆在突出位置，彰显受助学生的主体性，满足受助学生的多元需求，做到"资真助""真资助"。近几年，教育部高度重视对家庭经济困难学生的资助工作，制定和颁布了一系列有关学生资助工作的政策、制度及规范。2016 年 7 月 28 日，教育部召开高校资助育人工作座谈会，教育部党组副书记、副部长杜玉波在会上指出，资助育人是新时期资助工作的新使命。在当前推进教育改革和国家脱贫攻坚战略的新形势、新任务、新要求下，学生资助工作的重点是：精准资助和资助育人。学生资助工作要转变观念，创新方式，把资助和育人有机融合起来，把资助工作落脚到人才培养这个核心任务上。

学生资助工作是高校学生工作中的重要内容，是高校思想政治工作的重要组成部分，关系到"培养什么样的人""如何培养人""为谁培养人"这些根本问题。高校要坚持落实好立德树人根本任务，在资助育人上出实招、见实效，着力培养家庭经济困难学生创新能力和实践能力，从而促进学生成长成才。近几年，南京工业大学按照教育部对学生资助工作的要求，坚持资助与励志并举、助学与育人并重，突出双线资助，进一步完善经济资助、励志教育和能力提升三位一体的发展型资助育人工作体系。

1. 完善资助育人体系，确保"应助尽助""精准资助"。党的十九大精神为高校学生资助事业指明了方向，指引高校学生资助工作迈向新征程。在国家"精准扶贫"的战略背景下，学校沿着精准资助这一高校学生资助工作的发展方向，坚持精准扶贫、精准脱贫，深入开展大学生精准资助行动，在 2015 年完善修订了《南京工业大学家庭经济困难学生认定和建档工作管理办法》，在对家庭经济困难生进行民主测评的基础上，通过学生工作信息管理系统对各项家庭经济测评指标进行测算确定家庭经济测评分，并结合民主测评分和学院综合意见分，进一步规范了贫困生认定标准和评审程序，切实提高资助工作的公平性、公正性。

2. 开展主题教育实践活动，增强资助育人工作效果。学校每年面向各个学院以立项项目资助形式组织开展近 40 项形式新颖、成效凸显的资助育人实践活动。在活动中，积极引导经济困难学生注重自身素质锻炼，杜绝"等、靠、要"思想，让经济困难学生经过自身不懈努力实现"奖助兼评"。面向全校开展获奖学生事迹宣传、感恩教育、诚信教育等励志成才专题教育，探索受助学生社团化建设，搭建资助育人平台，开展学业导航、能力导航和对经济困难学生的特殊帮扶。通过学校心理健康教育与危机干预五级网络多层次全方位关注家庭经济困难学生心理健康状况，开展形式多样的心理健康教育活动，在活动中培养学生的坚韧性、果断性、勇于进取等优秀品质，使学生确立自信，以逐步克服自卑心理。

3. 深入困难学生群体，落实精准资助政策。学校每年组建暑期小分队走访慰问家庭经济困难学生家庭，掌握其实际困难与切实需求，提高精准认定水平，并宣传国家资助政策，使学生及其家庭充分了解各项资助政策的内容及意义，为精准资助奠定基础。学校通过家访深入了解家庭经济困难学生思想动态，关注其心理健康状况，帮助学生正确看待家庭经济困难现实，为资助育人奠定良好基础。近年来，学校通过送温暖、送关怀形式增进了学校与家庭、老师与家长的联系，使家长深入了解学生在校情况，形成学校、家庭、社会的教育合力，促进学生全面成长成才。

4. 挖掘资助育人典型案例，激励贫困生坚定信心、自立自强。学校每年以国家奖学金、国家励志奖学金以及各类校外奖学金的评选为机遇，在各个年级挖掘资助育人典型案例，并通过事迹巡回报告会、专题纪录片、微电影、情景剧等形式在全校范围传播，激励更多的家庭经济困难学生以身边的典型为榜样，不忘初心，砥砺前行，奋发有为。

5. 广开资助渠道，形成育人工作合力。多渠道收集奖助学金资源，发挥校领导、关心下一代委员会、校友会和社会企事业单位的力量，增设多项校外奖学金。目前全校共设各类校外奖助学金达 80 余项，评价指标涵盖了学业成绩、科技创新、文体特长、社会实践、志愿服务等多个方面，有效保证了全校家庭经济困难学生有更多的机会获得各类资助，也在很大程度上激励了学生努力奋斗的信心和决心。

近年来，随着多项工作制度、措施的落实，学校资助育人工作取得了阶段性成效，征集了多件高质量资助成效微电影和电影文本，励志成才典型事迹入选江苏省教育厅拍摄的《资助放飞梦想》电视纪录片，多篇国家奖学金获得者事迹报告入选《江苏省国家奖学金获奖学生风采录》。江苏省普通高校学生资助绩效评价工作连续多年获得优秀等级。

当前，学校资助育人工作面临新的机遇和挑战。2016 年 12 月，习近平总书记在全国高校思想政治工作会议上强调，要坚持把立德树人作为中心环节，把思想政治工作贯穿教育教学全过程，实现全程育人、全方位育人，努力开创我国高等教育事业发展新局面。这为我们如何搞好资助育人工作明确了方向——在资助中主动育人、育人中推动资助。在新的起点和形势下，南京工业大学始终以党的十九大精神为指引，以精准资助和资助育人为重点，精准落实各项资助政策，不断强化服务意识，努力发挥学生资助工作的保障作用和育人功能。

# 春风雨露助成长

朱　皓[1]

## 案例简介

赵同学，女，某院2010级学生，来自偏远地区单亲家庭，与下岗母亲相依为命。赵同学原为2008级学生，是一个学习认真刻苦、乐于助人的快乐女生。然而，天有不测风云，2009年8月，正在上大二的她被确诊为骶骨骨巨细胞瘤。一年间，赵同学先后经历了两次肿瘤切除手术、三次清创手术，不幸的是，2010年8月她又被检查出骶骨骨巨细胞瘤复发，再次接受手术治疗。在这种情况下，她只能申请休学治病。但病魔没有击垮她的意志，她依然乐观地面对生活、努力学习，为自己的理想而奋斗。2011年9月，怀着对于学习的极度渴望，身体仍处于康复状态的她坚持申请复学，被编入10级跟班读书。行动的不便，给她重新求学的道路添上荆棘。

辅导员通过与赵同学谈话，了解到赵同学的父母离异多年，她和已经下岗母亲一起生活，家庭经济状况极差。她生病后，为了带她看病、照顾她，她的妈妈把家里唯一的住房卖掉，也不能正常工作，欠下十几万元的外债。母女俩依靠低保生活，家庭生活极其困难。

## 案例定性分析

此案例反映的是贫困学生的帮扶问题和据此开展的有共识性的思想政治教育工作。

## 问题关键点

1. 如何帮助赵同学脱离贫困处境，合理规划大学生活，顺利完成学业？

2. 如何引导全体同学树立正确的集体意识、爱心精神和严谨学风？

## 解决思路和实施办法

1. 与家庭贫困同学进行及时和充分的沟通。辅导员针对赵同学日常生活中遇到的困难和心理情况，给予心理疏导；平时多留意观察她的情绪变化，经常交流、沟通，帮助其解决生活中遇到的困难，舒缓其内心的压力，凸显人文关怀。

2. 满足家庭经济困难学生不同层次的需要，为贫困学生综合素质提高、能力锻炼、才能发挥搭建平台。首先是经济保障，践行“不让一个学生因经济困难而辍学”的承诺。其次是精神关怀，从关注生活细节、把脉心理健康、激发人生理想方面给予赵同学零距离的援助。最后，以关爱、尊重为前提根据赵同学的需要而实施帮扶。

---

① 朱皓，女，南京工业大学生物与制药工程学院辅导员。

3. 加强资助与感恩的文化建设。高校的学生资助工作要持久、健康、稳定地开展必然离不开资助文化建设，包括感恩教育、责任教育、诚信教育、爱心教育、自信教育和励志教育等。

4. 提高受助学生的综合能力。资助育人工作不仅仅是资金上的资助，能力的资助也非常重要。重视培养赵同学的自我认知能力、学习能力和创新能力，教育她要通过自身的努力来提高自己的综合能力，改变现状。

5. 提供个人化的关怀和帮扶。在了解到赵同学母女俩的艰辛和不易后，辅导员根据赵同学家庭情况，结合学校的相关规定，帮助她申请了国家助学金，并指导她申请了国家助学贷款，减轻她的生活压力。同时，组织同学发起向赵同学献爱心的倡议，得到了学校广大师生的积极响应。同学们以团支部为单位开展主题团日活动，学习赵同学顽强与病魔抗争的精神，并积极捐款。学院领导带头捐款，缓解了赵同学在校两年的生活压力。

考虑到赵同学行动不便，辅导员通过学院和学校领导的帮助，专门为她在学校招待所一楼申请了一间房间，方便她母亲一起伴读以及解决她的出行问题。另外，辅导员通过向学院寻求帮助，安排赵同学的妈妈承担起学院部分保洁工作，让她能够有一份固定的收入，解决了她们的基本生活问题。

在赵同学编入新班级就读后，辅导员以主题团日活动形式成立了爱心小分队，排出值班表，每天由同学轮流接送赵同学上下课，并安排值班男生背赵同学上下楼。同时，还特别安排女性班委利用课余时间定时到赵同学住处了解她的学习情况和生活情况，及时帮助她解决所遇到的问题。辅导员每天通过值班班委谈话及时了解赵同学的情况并做出相应指导。在大家的共同帮助下，赵同学逐渐适应了坐轮椅上课的日子。学院还以帮扶赵同学的事迹为契机，开展学习赵同学身残志坚、奋斗不息的精神等学风建设活动。

通过以上工作，赵同学生活问题基本解决，脸上洋溢着笑容。她积极争取上进，复学后获得校三等奖学金一次，被班级同学推举为优秀团员，并在由团中央和全国学联主办的2011年度寻访“中国大学生自强之星”活动评选活动中，获“中国大学生自强之星”提名奖。

通过赵同学身残志坚的现实案例，周围同学感受到身为健康人更应该好好学习。年级同学学习热情上升，出勤率提高，不及格率下降，形成良好的学习氛围。很多同学都将自己乐于奉献的精神抒发出来，在年级掀起了助人为乐的热潮。

## 经验与启示

1. 资助育人工作是一项具有感染力的工作。它不仅感染着受助者，让他们在资助政策帮助下成才，更感染着周围的群体。同时，资助育人工作也是一项有针对性的工作，我们面对的是大学生群体，他们既是资助工作的受助对象也是一名学生，除必不可少的知识教育、感恩教育、自强自立教育和诚信教育之外，还要有针对性地做好心理教育。另外，要特别注重加强对学生的示范教育，有针对性地选取事迹感人、有教育意义的人物典型，通过网络、橱窗、班会学习和讨论，加强宣传，充分发挥他们在全体学生中的模范教育作用。

2. 爱心教育和集体主义教育举足轻重，不可或缺。现在很多大学生以自我为中心、个性强烈，对于集体活动嗤之以鼻。开展集体主义及爱心教育非常重要，这不仅是我们思政工作者的主要工作内容，也是高校人才培养的需要，还是国家和社会的需要。

3. 调动学生干部的工作热情及主动性，强化班级的自主管理。学生问题纷繁复杂、事无巨细，班级的日常工作主要依靠学生干部进行。让学生干部积极参与到班级管理及组织活动中，一方面他们会有成就感，另一方面也使得班级工作能够顺利推行。对学生而言，有助于他们个人综合能力的培养；对教育工作者而言，这也是教育的目的。

4. 树立高度的责任感，确立以人为本的工作理念。辅导员工作具有特殊性，除了要求具备高度责任感外，还需要一切以人为本。根据学生思想和行为的个体差异，从人文关怀出发，帮助学生切实解决问题。

## 专家点评

学院的发展性资助育人体系，强调以人为本和全面发展。辅导员在典型案例中，充分定位学生实际，协调学校、家庭和社会等关系，关注学生身心状态和成长成才，通过树立榜样来传递正能量，在解决学生困难的基础上助推其高质量发展。

——周辉（南京工业大学党委办公室副主任、党委统战部副部长）

# 家校企合作，送贫困生满满阳光

黄晨晨[①]

## 案例简介

王同学家庭经济较为困难，但独立自强，希望凭借自己的力量来解决经济问题。为此，除了上课，平时大部分课余时间都用于兼职打工以赚取生活费和学费，导致学习成绩不理想。临近考试周前的某日晚，辅导员接到王同学母亲电话，向辅导员反映小王情绪低落，一边工作一边学习身心疲惫，面对马上到来的期末考试，感觉学习压力大，言语中透露出支撑不住的想法。王同学的母亲非常担忧，但因为各种原因，对孩子的困境无能为力。

## 案例定性分析

此案例反映的是贫困学生学习与兼职的冲突问题。

## 问题关键点

1. 如何帮助小王及时从低落的情绪中走出来？
2. 如何帮助小王缓解家庭经济问题带来的心理压力？
3. 如何帮助小王提高学习成绩？

## 解决思路和实施办法

1. 主动约谈，认真倾听，了解原因。辅导员第一时间与小王同学取得联系，与小王约谈。在与小王的谈话过程中，认真倾听、了解小王压力过大的个人陈述和自我归因，其间通过点头示意等方式传递老师对他陈述的尊重，并表示出老师对他生活和学习的关心与重视。

2. 肯定付出，安抚情绪，引导认识。在与小王的交谈中，辅导员肯定小王为缓解家庭经济压力所做出的努力，充分表扬其对父母的孝心和担当精神。同时，引导小王正确看待学业与兼职之间的关系。作为一名学生，在校期间的主要任务是学习，辅导员帮助其理清学业所面临的发展机遇和困境挑战，让小王认识到兼职与学业发展的辩证统一关系。

3. 建立帮扶，缓解压力，真诚感化。针对小王家庭经济较为困难的现状，辅导员告知小王学校相关补助政策，鼓励小王积极申请补助以减轻家庭经济压力，从而缓解小王因经济压力带来的心理压力、改变无法安心学习的现状。针对小王同学学习成绩不理想、临近考试周学习压力大的问题，辅导员安排舍友、身为学习委员又是党员的小李与小王结成对子，辅导小王学习，并帮助小王联系课业指导老师，鼓励小王积极向任课老师请教课业问题。在此基

① 黄晨晨，女，南京工业大学土木工程学院辅导员。

础上，引导小王调适心态，建立自信，安心复习，树立积极上进的学业发展观。

4. 家校联合，校企联合，助力成长。辅导员与小王舍友、所在班级班委建立联系，让他们平时多关心小王的生活与学习，并密切关注小王的心理动态；加强班级建设，建立和谐融洽、互相关心、共同进步的班级氛围；与小王家长取得联系，了解小王同学的家庭背景和经济状况，向小王家长介绍学校针对家庭经济困难学生的帮扶政策，反馈与小王沟通交流的情况，并在后期与小王家长持续保持密切沟通；假期帮小王联系行业企业实习，鼓励小王在企业实习实践中多思考、多交流，了解就业前景，假期结束后与老师、同学分享实习体会。

## 经验与启示

1. 辅导员在平时的工作中要对贫困生给予更多的关心和帮助。在日常工作中，辅导员要多关注贫困生的学习、生活情况，特别是贫困生的心理状况。在帮困过程中，要实现帮困助学工作由简单的经济资助向育人成才转变；要注意贫困生的心理问题，以素质拓展为依托，促进学生保持心理健康；要以助学贷款为契机，培养学生诚实守信品质；要以帮工助学为载体，培养学生自强自立的精神。

2. 辅导员应联合学生家长、专业老师、心理老师、学生干部、宿舍同学等各方面力量，共同做好贫困生的教育管理工作。做好贫困生等特殊群体的教育管理工作需要联合各方力量，建立系统的帮扶机制，共同为贫困生提供关怀与帮助，使贫困生获得自信、保持良好的心理状态。

## 专家点评

贫困生在日常学习和生活中，不仅面临着经济压力，也承受着成才、人际关系、就业等心理压力。因此，对贫困生的帮扶不仅仅是简单的经济资助，更重要的是对贫困生心理的关怀，帮助贫困生拥有自立自强、阳光开朗的心态。本案例中，辅导员在对该贫困生全方位了解的基础上，从心理、学习、经济上给予有针对性的帮扶，帮助学生摆脱心理危机和经济困难，自强自立，主动发展，很有典型意义。

——熊中宏（南京工业大学法政学院党委书记）

# 增强学生归属感，正确规划大学生涯

吴　雪[①]

## 案例简介

小王来自偏远山区，家境贫困，在中学时曾因家庭经济原因辍学而到工厂打工，后回学校参加高考，考入本校，所以年龄比同年级同学大一些。小王由于自己曾经的打工经历，认为自己社会阅历丰富，比身边同学更成熟，感觉同班同学比较幼稚，因此不屑融入新的集体，与同班同学关系比较疏远。虽然考入大学非常不易，但进入大学后，小王觉得大一的基础课程没有用处，多次提出想退学去做生意，学习动力不足，精力不集中，经常旷课。大一上学期小王出现挂科现象。

## 案例定性分析

此案例反映的是贫困生因态度不端正，对自身发展和专业认识不足导致厌学和学习成绩不良等问题。

## 问题关键点

1. 如何帮助小王了解大学学习的意义，全面了解所学专业？

2. 如何引导小王确立正确的发展方向，科学规划大学生活，回归正确的成长轨道？

## 解决思路和实施办法

1. 主动约谈，认真倾听，确立信任。发现小王同学旷课的情况后，辅导员主动询问关心其学业发展情况，并与他约定具体的谈话时间和地点。在与小王的谈话过程中，认真倾听小王的个人经历陈述和自我对未来的想法，其间通过点头示意等方式传递老师对他陈述的尊重，并表示出老师对他学业和未来的关心和重视，尽力缓解小王的拘谨，让小王敞开心扉，说出心里的想法，并让小王感受到老师的诚心和对自己学业的关怀，确立基本的信任关系。

2. 敏锐观察，诚恳鼓励，引导认识。在和小王谈话的过程中，辅导员认真倾听的同时充分发掘小王的优点和特点，并加以强调和鼓励。通过小王自述，辅导员了解到他对理论物理非常感兴趣，鼓励他参加大学生物理竞赛等比赛；通过他想回家乡从事中草药材生意的想法，鼓励他进入专业实验室，在老师的指导下学习新药的研发等知识；通过他对高中生活的描述，发现他思维活跃，有一定的组织策划能力，鼓励他担任班级干部，参加学生组织和社团活动。通过几次谈话，辅导员帮助小王了解真正的大学生活，让小王认识到可以在大学学习

---

① 吴雪，女，南京工业大学生物与制药工程学院辅导员。

知识、培养能力、结交朋友，开启不一样的人生。

3. 耐心疏导，积极调适，真诚感化。小王的转变经历了一个较长的过程，在大一到大二的一年多时间里，辅导员和小王的谈话至少一个月一次。真诚的沟通和耐心的疏导换来了小王的可喜变化：精神面貌上，小王减掉长发换成了清爽的寸头，从过去的不羁变成了爽朗；学习态度上，从过去逃课旷课、一心想退学，到最初劝说后答应读完大一课程，到不再逃课、认真听讲。大一下学期和大二上学期，小王没有再出现课程不及格，平均绩点也达到要求。

4. 制定规划，逐步提升，增强自信。通过多次沟通了解，辅导员发现小王是一个领悟能力强、思维活跃、热爱科学的孩子，在端正学习态度之后，在辅导员的帮助下，他按照自身的兴趣和特点制定了学业和职业规划。在大一升大二的暑假，小王开始进入专业实验室进行学习，系统接触生物医药的研发过程，进一步明确了现在所学知识的用处。同时，在物理相关课程如大学物理、物理化学等其他同学感到较困难的课程中，小王以不错的课堂表现和成绩给任课老师留下了深刻印象，提升了他在学习上的自信心。现在小王还是一名大二学生，相信他通过未来两年的不断努力，一定能实现蜕变、实现梦想！

## 经验与启示

1. 从学生的成长环境与发展需求中了解学生、帮助学生。对于纪律散漫、厌学的学生，要通过耐心的沟通去了解其厌学的原因，了解他的经历和想法，分析他的特点，寻找解决问题的突破口。

2. 关心每个学生的成长，指导学生正确规划大学生涯。大学辅导员平均要面对 300 个大学生，时间和精力有限，但只要有时间就要尽可能地去深入了解学生，帮助他们梳理人生规划，解答困惑，真诚的沟通和解答会给学生带来深远影响。

## 专家点评

大学生纪律散漫、有厌学情绪，实际上是其对自身以及对大学生活和所学专业认识不清、没有树立足够的专业归属感和自信心造成的，如不能加以正确引导而任其自由发展，将会导致其轻率放弃学业，影响其人生发展。本案例中，辅导员通过耐心的沟通了解，正确分析学生厌学的原因，顺应学生特点，帮助学生在学习上树立信心，正确找到大学定位，是一个代表性强的优秀案例。

——周辉（南京工业大学党委办公室副主任、党委统战部副部长）

# 构建五位一体关怀体系，点亮青春梦想

朱　皓[①]

## 案例简介

小文是某学院大一新生，来自偏远山区。小文家里有5个孩子，虽家庭贫困但个个好学上进，有3个孩子都在大学读书，因此家庭经济负担很重。小文第一年的学费是依靠贷款和村里的补助勉强凑齐。进入大学校园，小文面对周围经济条件好、多才多艺的同学，非常自卑，她经常独来独往，很少跟人讲话，也很少参加集体活动。

## 案例定性分析

此案例反映的是学生因家庭经济困难产生自卑心理的问题。

## 问题关键点

1. 如何解决心理扶贫问题？

2. 如何帮助学生做好大学生职业生涯规划？

## 解决思路和实施办法

1. 针对问题，定向帮扶。小文在大学要面对的首要问题是生活困难问题，为了帮助小文更好地完成学业，减少生活方面的焦虑，增强归属感和自信心，鼓励小文勤奋学习、追逐梦想，辅导员积极引导并帮助她申请国家助学金和学校设立的各类奖助学金，帮助小文解决生活费等后顾之忧。同时，帮助小文申请勤工助学岗位。

2. 主动约谈，消除距离。当发现小文进入校园不敢跟人交流、有些自卑后，辅导员主动约小文进行谈心，询问关心其学业发展、人际交流的情况，并与小文约定具体的谈话时间和地点。在与小文的谈话过程中，辅导员通过点头示意、微笑等方式传递老师对她个人意愿与想法的尊重，并表示出老师认真倾听她的想法、了解她的顾虑，以一个朋友的身份听她诉说，表示对她的关心，尽力避免产生距离感，让她感受到老师的亲切，确立友好关系，增强信任感。

3. 耐心沟通，积极引导。结合小文的家庭情况、个人性格等多方面因素，辅导员对问题成因进行分析提炼、梳理辨别，同时在此基础上及时运用合理有效的方法对她进行开导，用真诚和爱心给予小文温馨的关怀和体贴，引导小文调适心态，建立自信，重塑自我，形成健康、乐观的生活观，树立良好的人际交往理念。

---

① 朱皓，女，南京工业大学生物与制药工程学院辅导员。

4. 制定规划，增强自信。辅导员鼓励小文参与班委竞选，多与同学们进行沟通交流。在老师的鼓励和小文的努力下，小文通过一场完美的竞选演讲成功竞选为班长。担任班长期间，小文尽心尽职做好本职工作，积极帮助同学，主动与同学交流沟通，逐渐减轻之前的人际交往心理压力，建立了良好的群众基础。同时，丰富的社会活动使小文提高了心理韧性、体验了积极情绪，从而提高了幸福感。

5. 创造机会，树立目标。小文刚进大学时，只想顺利读完大学，毕业后找一个好工作。在老师的帮助和小文自身的努力下，她申请了暑期国外短期交流，并获得了全额补助。小文通过短期国际交流改变了自己最初毕业就找工作的目标，她希望通过自己的刻苦学习和全面发展获得全额奖学金，出国深造，改变自己和家庭的命运，她现在正为此奋斗当中。

## 经验与启示

1. 构建五位一体关怀体系，激发贫困学生的自信与自尊。自信心不足、不善与人交流的学生很容易被人忽视，如果一开始就没注意到学生的问题，学生不能得到及时的帮助，很容易造成学生的心理问题，大学生活从此沉寂。因此，辅导员对自己的学生要逐个了解，善于发现问题并解决问题，构建生活、心理、学业、就业、资助五位一体关怀体系，全方位帮助学生树立自信。

2. 积极引导，树立自信，科学规划。作为一名辅导员，面对一些自信心不足的学生，要站在学生的角度，对症下药，消除距离感，产生亲切感，营造信任感，做好他们的职业规划师、学业指导师和心灵引导师。

## 专家点评

贫困在某种程度上限制了学生的兴趣和能力的发展，使他们容易在自尊、人际交往、个性发展等方面出现问题。因此，贫困生的心理问题更需要关注和理解。本案例中，辅导员针对学生自身特点和家庭情况，通过生活、心理、学业、就业、资助五位一体关怀体系，为学生点亮梦想，帮助学生完成学业、提升能力、高质量发展，具有较好的借鉴意义和推广价值。

——周辉（南京工业大学党委办公室副主任、党委统战部副部长）

# 重拾自信，走出阴霾

王　康[①]

## 案例简介

徐某，女，某学院三年级学生，家庭经济状况较差，但学习刻苦，性格开朗，与同学相处融洽。大三下学期，徐某与交往多年的男友分手，感情上受到很大打击，加上考研压力，一直闷闷不乐、情绪低落。辅导员在与其沟通的过程中发现徐某精神萎靡，自诉脑子一片空白，做什么事情都没有兴趣，上课注意力不集中，学习效率低下，失眠，感觉生活没有希望，非常自卑。辅导员从其班级班干部处了解到，徐某上课时基本不听课，课下不与其他人交流；从其宿舍同学处了解到，徐某在宿舍也极少与其他人说话，宿舍成员几次撞见她流泪，开导也没有什么效果。

## 案例定性分析

此案例反映的是学生因情感和学习压力导致精神状态异常的问题。

## 问题关键点

1. 如何劝导徐某到专业机构进行专业诊断，对症治疗？

2. 如何引导徐某正视自我，重拾自信，走出心理阴霾，回归正确的成长轨道？

## 解决思路和实施办法

1. 准确判断病情，积极配合治疗。根据徐某的日常表现，辅导员初步怀疑徐某为抑郁症，需要到专业医院进行检查，因此，上报学院通知徐某家长到校，安排人员陪同徐某家长带徐某去医院就医。后医生确诊徐某为抑郁症，进行了必要的药物治疗。鉴于徐某有自杀企图，结合医生的建议，学校按要求建议徐某休学治疗，并为其办理了休学手续，同时，安排徐某每周前往校心理中心做心理疏导。

2. 多次心理疏导，鼓励情感宣泄。徐某受到了情感创伤，情绪一直严重压抑，没有出口，辅导员多次找到徐某谈心，向她表示学校愿意伸出援助之手，徐某才愿意开口诉说。药物治疗加上心理疏导，徐某逐渐走出低谷，休学期间还密切保持着与学院的联系，积极参加各项活动。

3. 加强社会支持，关注徐某情绪。徐某性格内向，朋友较少，班级里只有两三位好友。徐某患病期间，辅导员找到徐某的好友，以及宿舍的室友，嘱咐他们徐某返校后一定要对她

---

① 王康，男，南京工业大学生物与制药工程学院辅导员。

多关心、安慰和开导，给她强有力的支持，防止她出现不测。每次徐某去校心理中心，同宿舍的同学都会陪同，并经常叮嘱她按时吃药。休学期间，也会有学生定期向辅导员报告徐某的生活学习情况。

4. 密切配合家属，持续跟进观察。徐某被确诊为抑郁症后，辅导员首先就徐某就诊情况与其母亲进行了沟通，要求她督促徐某按时就医，让她劝慰徐某不用过分担心家庭经济状况，不要给徐某过多的压力。在后期的治疗过程中，辅导员与徐某的母亲一直保持联系，持续跟进了解情况。

## 经验与启示

1. 学生管理者要具备一定的心理健康知识。随着社会的变迁和竞争的加剧，有相当一部分学生遭受过心理问题的困扰，如情绪情感问题、恋爱问题、人际关系问题、求职择业问题等，因此，辅导员在工作中一定要学习相关心理健康知识。

2. 心理危机预警和干预工作要发挥学生的作用。学生对同学中存在的问题可能发现得更早、了解得更确切，因此，在大学生心理危机预警工作中，要充分发挥学生的重要作用，做到早发现、早预警。遇到心理危机发生的情况，老师应指导学生干部和其他普通同学共同帮助有心理问题的学生，形成教育合力。

3. 心理危机干预需要家长的密切配合。发生心理危机的学生，必须取得家长的密切配合，完善他们的社会支持系统。同时，心理危机关系到学生的生命健康权，对于学生生命的保护，家长负有不可推卸的责任，家长必须与学校密切配合，共同化解危机。

4. 用爱心、耐心和诚心与学生相处，努力成为学生的知心朋友。辅导员要尊重学生，与学生平等对话，给予他们帮助和更多的参与机会，让他们从内心里发现老师是在帮他们，促使他们内心转化，从思想上认识到自己的问题。

## 专家点评

心理脆弱是当代大学生心理问题的重要方面。受家庭、学校和社会环境影响，部分大学生缺乏正确的自我认知，期望与现实之间存在的差距、生理及心理发育的失衡，都会导致心理脆弱问题的产生。在学生管理和思政教育中，高校应该引导大学生正确认识和面对矛盾压力，用正确的方法进行自我调节。本案例中，辅导员针对学生的多方面问题，运用心理学理论分析学生患有抑郁的原因，从源头上对症下药，帮助学生重拾自信、走出阴霾，不失为一个优秀的案例。

——周辉（南京工业大学党委办公室副主任、党委统战部副部长）

# 引导贫困生自立自强，树立正确人生目标

陈　璟[1]

## 案例简介

钟同学，男，某学院大二学生，来自边远山区。钟同学的父亲在其未出生时已去世，母亲改嫁，对钟某关心甚少。钟同学所有的生活来源仅为爷爷病逝后留下的微薄存款，家境条件极差。钟同学依靠自己的努力考入大学，对大学充满希望。但是入校以后，面对完全陌生的生活环境，加上家庭的困境、学习上的力不从心，钟同学觉得所有的一切都糟透了。他开始觉得自己就该是这种命运，无法改变，并形成了恶性循环。他渐渐沉迷网络，经常逃课，不和其他同学交流，学习成绩垫底，在大一上学期结束后受到了学业预警。

## 案例定性分析

此案例反映的是贫困新生适应能力较差，难以树立积极正确的人生目标，缺乏人生前进动力的问题。

## 问题关键点

1. 如何帮助钟同学尽快适应、规划大学生活，引导他树立正确的学习观、人际交往观？

2. 如何从内心感化钟同学，培养他自立、自强、自尊、自爱的独立意识，帮助他重新找寻人生的目标和动力，投入正常有序的大学学习生活中去？

## 解决思路和实施办法

1. 以心比心，用真诚和关爱感化学生内心，确立信任和谐的关系。贫困生作为高校学生中的特殊群体，需要更多的关注和关爱，尊重和理解学生是辅导员处理贫困生问题的前提。首先，辅导员没有单独主动约谈钟同学，而是通过组织班级贫困生座谈的方式了解钟同学的基本情况和思想学习状况，通过这种非刻意的方式让钟同学自然感受到老师的关心，为和他单独谈话埋下伏笔、做出预设。其次，在通过向班级其他同学了解和对钟同学一段时间的观察后，辅导员找了一个恰如其分的理由主动约谈了的钟同学。谈话伊始，辅导员发现钟同学比较腼腆、不自然，甚至有些紧张、惶恐，辅导员立刻转移话题，从钟同学老家的美食入手，待钟同学逐渐放松后，将话题引入学校的学习生活上。辅导员发现，钟同学对于自己的生活茫然无助，感受不到周围的关爱，认为命运不公平，对于未来感到惶恐，但其内心希望自己不是消极的，却又不知道该怎么解决。辅导员敏锐地抓住了这一点，没有提及钟同学在校

---

① 陈璟，女，南京工业大学化学与分子工程学院辅导员。

期间表现不好的方面，而是询问他在学校学习、生活上有哪些困难，向他表示老师很愿意帮助他解决学习生活上的困难，希望他能和老师共同面对。辅导员循序渐进地和他一起分析用悲观、消极的态度是不能解决任何问题的，通过列举知名人士励志案例来鼓励钟同学要有信心、要充满正能量。

2. 坚持教育跟踪，赏识微小进步，鼓励参加集体活动，营造关爱氛围。贫困生问题不是通过几次谈话就可以解决的，需要对贫困生进行长期的教育跟踪和关爱，让学生从内心不断感化、成长。辅导员主动帮助钟同学申请助学贷款和减免学费等，从经济上给予最大化的帮扶，减轻经济上的压力；指导励志社学生和学业优秀同学主动和他接近，进行一对一的帮扶，解决他学习上的困难；在人际交往上，鼓励他多参加班级活动，并动员班级学生关心、帮助他。在经过一系列的帮扶后，辅导员发现钟同学比之前活泼许多，在图书馆和实验室经常能够看到他的身影，他在学习上有了很大的飞跃，在大一下学期获得了校单项奖学金。看到这些可喜的变化，除了对他赞扬之外，辅导员还和班主任一起为他颁发了学习进步奖。在大二下学期，钟同学顺利当上了团支书，进一步激发了他的积极性，他表现出了很高的学习热情和工作热情。

3. 通过社会实践，加强学生感恩意识，培养学生感恩社会、奉献社会的精神。在大二即将结束时，通过学校专业特色平台校企合作，辅导员推荐钟同学主动报名参加中科院科研所暑期实践活动，通过面试和考察，钟同学顺利通过。通过暑期实践，不仅帮助钟同学解决了经济上的困难，也让钟同学学会在实践中学习、生活，并感受到社会的关怀，从内心深处找寻自身价值和责任感，树立感恩意识，进一步激发了钟同学生活和学习的动力，钟同学树立了更高远的人生目标。

## 经验与启示

1. 辅导员在解决学生问题时应从学生实际出发，站在学生角度设身处地为学生着想，要学会尊重学生、理解学生，花心思、花时间、深层次了解学生的思想状况。

2. 辅导员在解决学生问题时要眼光远、立意高，不能仅看学生的眼前问题，而要考虑到学生成长、成才的长远目标，要培养学生自立、自强、锐意进取的人生奋斗精神和勇于直面困难、奉献社会的感恩精神。

## 专家点评

高校辅导员承担着教育、管理、指导大学生的重要任务，对大学生成长、成才起着至关重要的作用。本案例中，辅导员本着真诚的态度帮助学生，从学生实际角度解决学生困难，用爱去化解学生的错误，让学生从内心深处认识到自己的错误，从而达到了真正教育人的目的。

——于葳（南京工业大学化学与分子工程学院党委副书记）

# 就业指导篇

# 瞄准职业方向，领航人生启迪梦想

习近平总书记高度重视就业工作，提出了一系列新思想新论断，系统阐释了就业工作的丰富内涵，深刻分析了就业工作是什么、为什么、怎么干，科学回答了做好就业工作的一系列理论和实践问题，为新时代做好就业工作提供了根本遵循。李克强总理对2018年5月召开的全国普通高等学校毕业生就业创业工作电视电话会议作出重要批示，强调认真细致做好就业创业服务，创造更多高质量就业岗位，保持高校毕业生就业水平总体稳定。大学毕业生是国家和家庭培养的最为宝贵的人力资源之一，如果得不到充分就业，不仅是家庭的重大损失，也是我国人力资源的巨大浪费，同时也会影响到社会的正常运行。因此，做好当前大学生就业工作，是高等学校面临的最为迫切的任务。

本篇整理收集了学校从事大学生就业指导理论和实践教育工作者的实际案例，通过深刻的案例分析和实践反思，提炼了对大学生就业指导工作的深入思考和崭新观点。

第一，就业指导工作要坚持以学生为本。高校学生就业指导工作要从关注、关心、关怀学生出发，引导学生用积极的态度面对挑战，从思想上为学生就业铺路；要动员各方资源和力量，通过各种方式拓宽大学生就业渠道；要努力从办学理念、专业设置等方面进行认真反思，力求从源头上为学生就业做好引路工作。

第二，就业指导要坚持提升学生核心就业能力，聚焦于思维能力、创新能力、沟通能力、自我管理能力和实践能力。学校积极实施毕业生就业竞争力提升计划，依托中建二局校企合作俱乐部，定期开展“中国建筑讲堂”“中国石化讲堂”，重点开办中建二局校企共建“南京工业大学BIM技术应用培训班”。同时，鼓励学生身体力行进行职业实践，重点推荐优秀应届毕业生去中建系统、中石化以及政企事业单位进行暑期实习实践。

第三，就业指导工作要坚持分级定向职业生涯规划，提升学生认知社会和自我的能力。知己知彼，百战不殆。要引导学生结合自身条件和现实环境，确立自己的职业目标，选择职业道路，制定相应的计划，并按照职业生涯发展的阶段实施具体行动达到职业目标。大学职业生涯一般会经历4个时期：大一模糊期，主要是适应大学生生活，自我探索；大二定向期，主要是思考规划，建立合理的价值体系和认知意识；大三加强期，主要是坚定职业目标，明确自己的职业方向；大四实施期，主要是走向社会，寻求职业发展。加强大学生职业生涯规划教育，培养正确的就业观、择业观、劳动观，是大学生顺利就业的助推器，能够实现高等教育社会价值的最大化。

第四，坚持就业指导的系统化、模块化指导。学校坚持实施大学生“就业创业指导服务月”，开设大学生就业核心竞争力培训班，开展就业形势分析、职业探索、简历制作、人际沟通、求职工具等专题就业指导讲座，全面打通就业指导服务“最后一公里”。

大学生就业指导是一门课程、具有丰富的理论基础，就业指导又是实践性非常强的社会实践活动，理论与实践之间的内在联系要求从事就业指导者坚持言行一致的品格。因此，就业指导从业者既要开展理论探索，又要用理论指导学生实践，在实践中不断实现理论与实践的互动，以师者的优秀品格示范人、教导人，通过自己的教学教育和社会行为，身体力行地承担就业指导教师的社会责任。

凡事预则立，不预则废。大学生就业指导是一项成长中的崇高事业，必须要以改革创新的思路，立足长远发展，面对严峻现实，转变就业观念，拓展就业渠道，千方百计解决大学毕业生的就业问题。

# 分级定向职业规划，身体力行职业实践

刘　文[①]

## 案例简介

小丽同学为在校大三学生，平时积极参加学校、学院的各项活动，思想比较活跃。在刚上大三时，小丽就开始和辅导员了解一些出国留学和职业规划相关的问题。但经过一段时间的观察，辅导员发现小丽同学并没有把自己的很多想法付诸到实际行动。尤其是学习方面，包括报考雅思、学期考试、考研前期复习等，小丽都没有静下心来去完成某一个确定的目标。在即将步入大四的时候，小丽仍然觉得谈考研复习为时尚早、出国准备也来得及、找工作还没到时候，从而错过了职业规划的黄金时期。

## 案例定性分析

此案例反映的是因职业定位模糊、目标不明确，最终可能导致毕业前不能有一个较好的就业去向问题。

## 问题关键点

如何帮助学生尽早确立人生职业规划、明确努力目标，解决学生生涯规划与行动脱节的问题？

## 解决思路和实施办法

1. 与本人沟通，提高自我认知水平，尽早确立职业方向。辅导员与小丽同学沟通后了解到，其对于职业规划虽然有一些想法，对自己的兴趣、性格、能力等也有一定的感性和经验上的认识，但缺乏科学依据。在交谈中了解到，小丽同学在大学期间参加了很多活动，更希望毕业后在外资企业中从事国际贸易方向的工作，但是因为对于就业情况不了解，不知道是否需要考研或是出国留学，担心自己的学历在工作中没有竞争力。结合此情况，辅导员给小丽同学初步讲解了就业形势，建议小丽同学做出一份自己的完整简历，找到自己的职业优势，并与父母沟通，人生的成功不是单单靠学历来决定，适合自己、自己想做的才是最重要的。

2. 与课堂结合，发挥就业指导教育，职业知识尽早了解。在大三年级开设的就业指导课中，辅导员以小丽的情况为契机，在年级内进行个人职业意向确认，分就业、升学、未确定三种情况进行职业生涯规划教育，让同学结合自身情况进行就业知识学习，分级定向引导大

---

① 刘文，男，南京工业大学外国语言文学学院辅导员。

家了解职业知识，尽早全面学习自己所定方向的职业知识，找到自己的优势和不足，在就业季前完善自己的各方面能力。

3. 与实践相联系，引导进入公司实习，职业特长尽早发现。在确定了小丽同学的就业意向后，对其简历提出修改意见，针对社会实践的不足，建议其利用暑期进入相关公司实习。通过初步模拟就业求职，让小丽积极参加学校暑期实习专场活动，并让她通过网上多方就业信息寻找暑期实习职位，积累求职经验，完善简历和面试经验。同时，在实习中积累工作经验，为秋季招聘正式求职打下基础。

## 经验与启示

虽然大学生对职业规划有所了解，也有了初步制定自己职业生涯规划的意识，但是在实际情况中，很多同学并没有把自己的行动和规划统一起来。面临即将到来的毕业季，这种计划制定操作性不强、行动力不够的状态，在大三年级时显得尤为突出。学校应通过全面职业知识的教育，使大学生尽早确立个人规划方向，并落实于行动。

## 专家点评

大学生就业难问题的产生，与当今大学生在自我认知上的缺乏、规划与行动的脱节、就业指导的欠缺不无关系。本案例中，辅导员针对学生就业季前的职业规划问题，正确分析产生的原因，对症下药，帮助学生制定科学的职业规划，不失为一个优秀的案例。

——佴康（南京工业大学外国语言文学学院党委副书记）

# 迷途知返，点亮未来希望之灯

张文闻[①]

## 案例简介

小孟是土木工程学院2012级学生，自入校以来，一直不能很好地端正学习态度，长期沉迷网络，屡经教育，不思悔改。临近大四毕业，英语四级没有通过，学位课程平均绩点1.93，尚有多门课程未修到学分。根据学校学籍管理规定和学士学位授予工作实施细则的有关规定，小孟远未达到毕业和授予学位条件。在获知自己绩点不够、毕业困难之时，他消极厌世，一度有轻生的念头，这也给学校学生工作带来了较大的安全隐患。

## 案例定性分析

此案例反映的是毕业生因无法正常毕业、获得学位导致的悲观厌世等问题。

## 问题关键点

如何引导小孟改变消极厌世的生活态度，以积极乐观的心态回归正确的成长轨道？

## 解决思路和实施办法

1. 辅导员从同学情谊、道德标准、人道主义等多方面对其室友提出工作要求，尽可能地让小孟感受到来自同学、室友的关怀和温暖。同时，安排该班班长和同宿舍与小孟关系较好的党员学生负责对他进行学业帮扶，随时掌握小孟的思想、学习和生活动向，及时发现问题，及时介入工作，及时解决困难。

2. 辅导员、学院老师多次和小孟进行交流谈心。在耐心倾听的同时，有意安排他协助处理一些日常学生工作，并通过QQ、微信、微博等网络交流工具和他进行互动，既掌握了小孟的各方面情况，也拉近了彼此之间的心理距离，建立了师生间的信任感和感情基础，对于学习态度、方法以及人生规划的思想工作开展起到了良好的促进作用。

3. 辅导员积极与小孟的家人取得联系，争取到家庭教育的配合。考虑到小孟在成长过程中和其母亲的关系比较亲密，学院将其母亲确定为重点联系对象，如实地向她反映小孟现阶段的学习和精神状况，并安排她赶到学校一同配合救助小孟。

4. 针对问题所在，辅导员一边向小孟耐心解释学校教学管理规定，一边通过专业老师和校就业工作部门帮助小孟联系解决就业问题。通过帮他对职业生涯进行规划，让他看到希望，增强他对生活的信心。

---

① 张文闻，女，南京工业大学土木工程学院辅导员。

## 经验与启示

1. 情理结合，把握教育节奏。发现类似症状问题以后，辅导员适当增加与问题学生的情感交互，定期多角度地了解观察他们的生活状态，运用理性分析，帮助他们了解自身的问题、选择前行的方向。辅导员应根据事态发展，把握教育工作的强弱节奏，注意重要环节的处理。

2. 全面分析，发掘问题症结。在处理类似问题的过程中，辅导员不能仅看到表面现象，还要深入分析，发现问题的根本症结。

3. 形成合力，对症帮扶教育。大学生作为一个半成熟的社会人，大学校园终究只是他成长经历的一部分，大学的教育也不是万能的。在教育问题学生的过程中，要根据症状的轻重从多方借力进行帮教。同学、室友、专业老师、论文指导老师、就业老师、教务老师、宿管员、家长……从初期的思想解放，到中期学业帮扶、就业联系，再到后期顺利毕业，在整个帮教过程中，形成一个全覆盖的合力，最终让问题学生重新鼓起生活的勇气，点亮他们未来的希望之火。

## 专家点评

学生工作者对学生要有坚持不懈的信心，任何时候都不能够灰心。根据学生出现的问题，要进行耐心细致的教育、引导和鼓励，针对不同问题采取不同的解决方法。思想教育应遵循科学的方法，在本案例中，辅导员能正确选择时机，找到突破口，有条理地疏导，效果显著。

——熊中宏（南京工业大学法政学院党委书记）

# 巧解就业迷惑，领航成材之路

王 敏[①]

## 案例简介

学生张某，女，来自偏远地区农村家庭，工科专业大三学生。张某性格较为内向，平时沉默寡言，人际关系不佳。刚入学时，张某的成绩处于专业中等水平，随着专业课知识内容的不断加深，张某发现自己对这个专业越来越没有兴趣，曾向已毕业的学长咨询就业方向和未来发展，发现专业对口工作岗位竞争激烈，作为女生从事本专业工作更是困难。于是，张某对是否要继续学习产生怀疑，对于考研也没有兴趣，对自己未来发展感到迷茫，不清楚要做什么工作。这种对未来的迷茫使张某思想进入不稳定期，焦虑不安，处于进退两难的抉择中，不知路在何方。

## 案例定性分析

此案例反映的是大学因生专业思想不稳定、就业观不明确而引起的学习生活上的困惑和焦虑问题。

## 问题关键点

1. 如何帮助张某走出迷茫和焦虑，重新找到大学生活的动力，重塑信心？

2. 如何帮助张某进行职业生涯规划，使其明确学习目的并确立目标，科学规划大学学习生活？

## 解决思路和实施办法

1. 走进学生内心，抓住问题关键，针对性地给出解决方案。辅导员首先通过真诚和爱心打开张某的心扉，取得信任和认可后与张某深入交流，切实了解张某的真实想法，掌握张某对目前问题的认识情况；再通过与其朋友和班委访谈等方式，明确张某焦虑和迷茫的原因是对学习失去了动力、对就业产生了担心。当学生面临就业这类重大事件时，因缺乏知识经验和全局观念，常常出现如自暴自弃等较为极端的行为，给大学生活带来困惑。对此，辅导员结合自身工作经验，对近几年学生就业去向和就业形势与张某进行了深层次的讨论分析，

---

① 王敏，男，南京工业大学机械与动力工程学院辅导员。

通过真实案例带给张某鼓励和信心，帮助其走出困惑。

2. 指导学生制定职业生涯规划，培养学生正确的就业价值观。在大学教育过程中，辅导员应尽早帮助学生建立自己的生涯规划，使学生更好地了解自己，做好职业定位，指导学生确定短期目标及长期目标，并制订行动计划，监督其按计划实施。面对日益激烈的竞争压力，很多大学生的就业心态问题越来越突显，这也体现出大学生心理素质和分析问题能力的不足。张某的内向和不自信就是这方面的体现。辅导员结合她的情况，制定针对性的生涯规划引导，通过心理辅导等方式帮助她树立自信，引导她建立正确的就业价值观。

3. 与学生家长及时沟通交流，利用集体的力量帮助学生成长。辅导员积极与张某的家长进行沟通，告知张某的当前表现和心理状态，让其家长完整掌握学生当前的情况，联合家长一起给予张某正面鼓励和支持。同时，积极发动乐观、积极的同学，尤其班级干部和张某舍友给予其正面影响。

## 经验与启示

1. 用爱创造良好的环境，促进学生健康发展。当今社会的快速发展对于人才的要求也越来越高，而大学是培养人才最关键也是最后一个环节，大学生辅导员需要为他们创造良好的环境，让大学生在生动活泼的学习生活中克服不良心理障碍，重新认识自我，在学习中培养兴趣、发展特长、开阔眼界，实现自我价值。

2. 理性看待现今就业形势，努力提升学生就业实力。现在就业形势比较严峻，学生就业压力比较大，学校应在学生能力和素质培养方面多下功夫，为学生全面成材提供帮助，创造环境。

## 专家点评

大学生是当代社会的宝贵人才资源，对促进我国社会经济发展起着至关重要的积极作用。人才培养是一个综合过程，大学生在逐步成长的过程中，应明确自己的责任和目标。但是，由于身心的不成熟以及人生经历的不足，大学生常会产生迷茫和困惑，这时就需要学生管理工作者给予及时的引导和帮助，为他们的成长指引道路。本案例中，辅导员针对大学生因即将面临就业而产生的迷惑和焦虑，提出了针对性的解决方案，具有普遍指导作用，是学生管理工作的一个优秀案例。

——孙宇（南京工业大学机械与动力工程学院党委副书记）

# 戒除游戏瘾，回归求职路

马慧子[①]

## 案例简介

小王同学在大学期间爱玩游戏，之前因为上课时间约束并未沉迷，到了大四，自主支配的时间越来越多，逐渐沉迷在游戏中。面临求职就业，小王以毕业后回家就业为由，没有制作求职简历，没有做任何就业准备，从不参加招聘，逃避就业压力，周围室友、同学都基本就业，对他却没有任何触动。

## 案例定性分析

此案例反映的是学生因沉迷网络逃避就业压力等问题。

## 问题关键点

1. 如何帮助小王逐步戒除网络游戏，正确面对学业、就业压力？

2. 如何引导小王树立正确的发展方向，科学地进行职业生涯规划，回归求职就业的正确成长轨道？

## 解决思路和实施办法

1. 侧面了解，时刻注意处理方式。毕业季，毕业生在面对毕业、求职的过程中，很多心理问题逐渐暴露。为了制定全面有效的解决方案，辅导员提前向班长、室友了解小王的动态，避免因情况了解不全面而刺激到学生的情绪。辅导员了解到，小王在毕业季比较喜欢打游戏，一直说要回家就业，并没有其他不良情绪的表现。在了解这一情况后，辅导员计划从毕业就业的重要性、沉溺游戏的不良后果、就业求职的技巧等方面着手让小王同学重新回归毕业求职的正常轨迹。

2. 主动约谈，帮助建立求职目标。发现小王每天都是在寝室打游戏，招聘会、宣讲会从不参加，辅导员主动询问其求职规划和就业准备，并去其寝室与其面对面沟通交流。在与小王的沟通中，认真倾听他的规划、想法，在确定他回家就业只是短暂逃避就业压力的情况下，和他分析了沉溺游戏、错过就业黄金时间的严重后果，并提供近期企业招聘信息，规定他一个月反馈一次求职、简历投递、面试结果等，还与其约定在家乡和学校两地同步开展求职计划，要求其收藏家乡所在地高校的招聘网页等。

3. 积极应对，各个击破求职困难。仔细分析小王逃避就业，是因为沉溺网络游戏、就业

---

① 马慧子，女，南京工业大学机械与动力工程学院辅导员。

准备不够，求职信心不足，辅导员从这三个方面着手，各个击破。辅导员不定时去寝室查看小王的情况，并委托班委、室友做好监督工作。针对小王同学的求职简历，辅导员做仔细分析，帮助他进一步修改完善，并做了求职邮件、求职话术、面试技巧的沟通与交流，要求其在面试后积极做面试总结和反思，并经常询问其面试的表现情况，做针对性的分析。

4. 制定规划，逐步提升就业热情。辅导员要求小王根据自己的情况制定一份详细的求职规划书，并就规划中出现的问题给予指导。在与其沟通中，一方面给予积极的肯定鼓励，另一方面指出前进的方向，不断用班级就业较好的例子鼓励他。同时，分享了一些已经毕业的学生因为错过就业黄金期而蹉跎多时的负面例子，帮助他在求职过程中不断建立信心。最终小王同学获得了南京某家三资企业的录用通知，顺利就业。

## 经验与启示

1. 不能采用单一的严禁方式进行封堵来解决问题。对于沉迷于网络游戏的学生，如果一开始就给予惩罚或批评，不仅不能使他们脱离网络游戏，反而会引起学生的反感和对抗。老师应该在详细了解产生问题的原因后，根据具体情况制定解决方案。

2. 毕业季求职期，是学生各种问题集中爆发的时段，作为辅导员，要比之前投入更多的精力，帮助学生一起跨过人生中一个重要的门槛，应该通过真心的关爱让他们在内心深处激发起责任感，让他们本着对人生负责的态度处理好由学生向社会人身份转变的困惑和迷茫。

## 专家点评

大学生沉迷网络，实际上是其人生价值观不明确或者对自己的人生目标缺乏正确定位的体现，如不能加以正确引导而任其自由发展，将会导致大学生的心理障碍甚至人格扭曲。本案例中，辅导员针对学生因沉迷网络、逃避就业压力、消极不就业的情况，正确分析原因，从三个方面对症下药，正确引导学生回归毕业求职的正常轨迹，并取得了不错的效果。

——孙宇（南京工业大学机械与动力工程学院党委副书记）

# 克服就业恐惧,重拾就业信心

马慧子①

## 案例简介

小瀚同学大学四年成绩平平,性格内向,不太擅长与人交流,在校期间也没有突出的学生工作经历。大四面临择业,总是提不起精神,缺乏动力,对自己极度不自信,认为用人单位不可能录用自己这样的学生。周围同学都在积极找工作,只有小瀚始终不敢尝试。

## 案例定性分析

此案例反映的是学生对毕业后走向社会的恐惧和不自信等问题。

## 问题关键点

1. 如何引导小瀚同学重拾信心,帮助其克服内心的恐惧,构建未来美好生活?

2. 如何帮助小瀚同学积极制订求职计划,抓住就业机会,重新开始新阶段的生活?

## 解决思路和实施办法

1. 以指导简历为切入点,与学生建立交流机会。发现小瀚没有明确的求职计划后,辅导员希望他带着自己的求职简历到办公室来,一起探讨、修改。为了照顾小瀚的敏感情绪,约谈时间定在午休时,办公室没有其他老师,没有约束感。辅导员首先肯定了他的简历制作,适度表扬,让他的情绪放松下来。然后闲话一些家庭、学校等其他话题,营造轻松的谈话氛围。

2. 敏感觉察原因,积极引导调试。谈话过程中,辅导员没有责备、没有逼迫,而是简单的关心,注意保持轻松的节奏。结合小瀚的成长环境和家庭因素,了解到他不自信、不积极的原因,辅导员引导他表述自己的想法时,认真倾听,并适时分享自己的亲身经历,寻求小瀚的共鸣,建立相互间的信任。通过列举案例勉励他,通过对未来生活的设问引起他对未生活的期许,让他对毕业后的社会生活产生期待。

3. 变指导为探讨,共同面对求职困惑。认真倾听,进行梳理,与之探讨,逐条分析,逐个击破。辅导员一方面照顾他的感受,另一方面消除他对很多事情的消极看法。在得到他认同的情况下,将他消极应对就业的原因梳理出来,并辅之以小案例进行分析,消解他的错误认识。

---

① 马慧子,女,南京工业大学机械与动力工程学院辅导员。

4. 制定求职规划，重拾就业信心。求职需要很多准备工作，辅导员认真为小瀚并给予梳理，并给予简历投递、面试技巧的指导，让他尽快回归正常的求职道路中去。在求职过程中，辅导员要求他进行就业现状反馈、求职总结，改进面试表现，使他回归到正确的人生轨迹中去。

## 经验与启示

1. 发自内心的关爱是打开学生心扉唯一的钥匙。学生只有感受到了来自老师真心的关爱，才愿意敞开心扉、真心交流。

2. 不能采用压力式的训诫来解决学生不积极、不努力的问题。对于敏感且不自信的学生，应尊重他们的想法，适时给予情感的宣泄口是化解他们情绪的前提。只有了解了他们内心的真实想法后，才能了解事情背后的原因，从而帮助解决。

## 专家点评

毕业季，被动就业的问题目前在不少毕业生身上都有所体现，这实际上是缺乏人生规划，没有树立积极正确的人生观、价值观所致。如不加以引导，学生会偏离正确的人生轨迹，无法应对社会压力。本案例中，辅导员针对学生的性格、家庭原因、个人内心情绪等，适时开导，帮助其树立了正确的职业观、制定了科学的人生规划，对学生的一生都是有所助益的。

——孙宇（南京工业大学机械与动力工程学院党委副书记）

# 就业指导,让就业不差

汤　洁[1]

## 案例简介

王某是毕业班的学生,由于沉迷游戏,成绩一直是年级倒数。毕业季开始时,王某跟着大家跑了一两场招聘会无果后,就再也不愿出去找工作了。在本年级大部分同学都已经就业的下半学期,王某依然在宿舍中不停地打游戏,完全与外面的世界隔离。

## 案例定性分析

此案例反映的是学生因就业受挫而沉湎网络、逃避就业的问题。

## 问题关键点

1. 如何帮助王某增强信心、从游戏的虚拟环境中走出来?

2. 如何帮助王某制定合适的职业生涯规划、明确未来的方向,并教授其具体的就业技巧,从而帮助其顺利就业?

## 解决思路和实施办法

1. 时刻关心,经常约谈,增强自信心。在大学四年期间,辅导员每个学期均和他谈话,询问其具体的生活和学习情况,为其制订合适的学习计划,帮助其尽力达到毕业和授予学位的最低要求,打下了较好的信任基础。

2. 帮助其正确认识自我,进行职业生涯规划设计。辅导员针对就业问题与王某谈话后,其找工作的主动性增强了不少。辅导员积极为其推荐单位、职位,在实际投递简历、笔试和面试中为其提供相应的指导。终于,王某在6月与某单位签约。

## 经验与启示

1. 增强学生就业自信非常重要。多年在学业上的失利和就业初期的打击,会使学生的自我认同感较差。因此,增强学生的力量感和现实感,是使其走出游戏、走出宿舍的关键要素。

2. 正确认识自我和职业生涯规划设计是帮助学生走出就业困境的关键。让学生正确地认识自我,可以增强其自我功能的完善;职业生涯规划的设计可以帮助其增强动力和明确方向。

---

① 汤洁,女,南京工业大学能源科学与工程学院辅导员。

3. 就业指导是一项长期工作。只有经常性地与学生沟通交流，才能建立起信任关系。同时，老师要根据社会和企业的实际需求，结合学生的自身情况，合理地进行推荐，并教授其沟通技巧，争取双赢。

## 专家点评

在辅导员心中，学生都是可爱的！帮助困难学生就业，涉及的不仅是学生的未来与发展，也关系一个家庭的幸福，体现的是党和政府的关爱。辅导员解决困难学生就业，辛苦且快乐着！

——唐明辉（南京工业大学能源科学与工程学院党总支书记）

# 分类指导有奇效，适当就业总有时

黄英燕[1]

## 案例简介

小玲是电子信息工程专业的一名贫困大学毕业生，一直想找与本专业对口的工作，可是参加了多场招聘会，简历投出去20多份，都没有回音。小玲报考了本专业相关的公务员，但因成绩不够理想而被淘汰。小玲还参加了事业单位的面试，但因自信心不够，结果可想而知。小玲找了一份电子测试的工作，这是小玲喜欢的工作，但是需要三班倒，工作地点在南京，正式录用后工资一个月2500元，因其父母反对，工作离家远又辛苦，最终还是放弃了。面对就业压力，小玲显得焦虑、抑郁，情绪低落。

## 案例定性分析

此案例反映的是学生就业主观意愿与现实有差距而引发的心理问题。

## 问题关键点

1. 如何帮助小玲培养正确的择业观？
2. 如何提升小玲的抗压能力，完善自我人格？

## 解决思路和实施方法

1. 深入学生，及时了解相关情况。面对竞争日益激烈的就业市场，毕业生在求职过程中不可以避免地会遇到各种困难、挫折和冲突。许多学生遇到挫折后会出现焦虑、抑郁、自卑等情况，既影响择业的成功，也干扰正常的学习和生活。针对小玲的情况，辅导员与她促膝长谈，帮助她认识到自身的优缺点，正确评估自己，恢复信心，以积极的心态面对挫折。

2. 分析形势，调整就业期望。辅导员引导小玲认清形势，及时调整期望，重新选择目标。

3. 进行高效的就业指导和服务。辅导员与小玲分享面试技巧，推荐她参加学院的模拟面试，让她在舞台上重拾信心，帮助她成功就业。

4. 加强与学生家长合作。在学生择业过程中，家长起着关键性的作用，父母的价值观、择业观很大程度影响着学生。辅导员同小玲父母及时进行沟通，形成合力帮助小玲树立正确的就业观念，缓解其心理压力，使其以积极的心态面对就业。

---

① 黄英燕，女，南京工业大学计算机科学与技术学院辅导员。

## 经验启示

1. 应及时关注学生的心理问题,并以恰当的方式进行有效处理。开展就业心理辅导,疏导就业受挫后焦虑、自卑、抑郁等心理问题,引导学生调整就业期望,以积极的心态面对就业,不仅仅是高校就业工作的需要,也是人才培养和社会发展的需要。

2. 职业指导不可或缺。对学生进行系统的专业指导是非常重要且必要的,由于辅导员在学科背景、知识储备、人生阅历等方面的局限性,在开展此项工作时,应通过各种途径、整合多方力量共同实施。

## 专家点评

求职规划是毕业生找工作的第一步。一般情况下,在大三下学期每位准备找工作的学生都应结合自身情况进行认真、理性的分析,并制定科学可行的求职计划。但由于大学生一直生活在相对封闭的学校里,对现实社会、行业、企业等情况了解甚少,因而虽然即将开始求职就业,但他们大多仍处于混沌状态,不知道该找什么样的工作、该怎样找工作,也不知道自己该为找工作做些什么准备。因此,对于求职困难学生,辅导员要使其充分了解自己的优势和劣势,帮助其初步了解相关行业、企业和职位知识,明确自己的求职方向,合理定位,并为找工作做好准备工作,从而提升学生的求职自信心。

——郑娟(南京工业大学计算机科学与技术学院党委副书记)

# 合理定位，就业不再难

李　慧[1]

## 案例简介

小王是一名理工科女大学生，大学四年成绩优秀，多次获得学校各类奖学金。她是班级的学习委员，工作尽职尽责，能力强，获得师生的好评。小王对自己的未来发展充满期待，虽然成绩优秀，但她没有选择考研，而是选择大学毕业后直接就业。为了找到更好的工作，小王在大三的时候选择进入了学院卓越工程师班学习。大四开始找工作时，小王劲头很足，希望能找到一份在市中心上班的体面的白领工作。随着求职的深入，小王发现自己所学的专业对女生需求非常少，所以，她改投不限专业的管培生岗位，可是投出去的简历如石沉大海，没有音讯。经过一个多月的碰壁，小王对自己丧失信心，不愿再去找工作，也不愿与人提及就业的相关事情。

## 案例定性分析

此案例反映的是大学生因自我定位不准，遭遇就业困难的问题。

## 问题关键点

1. 如何引导小王重拾找工作的信心？
2. 如何引导小王对自己进行合理定位，实现成功就业？

## 解决思路和实施办法

1. 主动寻求帮助，让小王找到成就感，找回信心。在发现小王就业信心不足、不愿找工作的情况后，辅导员主动打电话给小王，邀请她来办公室帮忙处理学生考试数据。小王作为班级的学习委员，对于如何用办公软件处理学生学习数据十分熟悉。在此过程中，辅导员带领小王分析之前的工作能力，并对她的能力和取得的成绩给予充分肯定，小王态度十分积极，也非常自信。

2. 引导旁观者视角，让小王理性分析问题，看清问题实质。辅导员适时与小王聊起周围女生的就业情况，耐心倾听她的陈述，鼓励她分析同学就业成功或失败的原因，并对她的正确分析进行肯定。

3. 自然切入主题，让小王乐于表达，探索问题关键。辅导员适时将话题引到小王身上，小王自然地接下话题，但是表现出了一些羞涩和避重就轻的情况。辅导员对小王给予正面

---

[1] 李慧，女，南京工业大学材料科学与工程学院辅导员。

鼓励，耐心疏导，帮助小王再次回顾成就，鼓励其大胆表达。

4. 借助专业工具，让小王系统性地认识和解决问题。结合小王的就业经历和她所投递的岗位，了解和掌握了小王就业困难问题形成的原因，以及问题的关键，辅导员再次运用成就事件的方法，让小王自己总结自己的能力，建立信心。辅导员给小王提供了霍兰德职业性向测试、MBTI性格测试和价值观测试，引导小王进一步认识自我。通过对自我的再次认知，小王抛弃了自己的不合理认知，认为自己适合在企业从事技术类型的工作。辅导员将问题进一步深入，引导小王思考理工科女生如何在自己的专业领域找到合适的工作，建议小王通过权威网站和人物访谈节目进一步了解相关信息。

5. 提供资源支持，让小王成功就业。小王的自我学习能力很强，在有了正确的方法指导后，小王很快找到了自己的发展方向，开始更深入地考虑如何借助自己的知识和能力来实现自己的成就感。在这个时机下，辅导员向小王推荐符合其要求的单位，最终小王在一家大型国企成功应聘技术检测岗位，并被该企业列入重点培养对象。

## 经验与启示

1. 自信的建立，对于问题的解决有着十分重要的意义。每个大学生都有自己优秀的一面，在他们遭遇挫折的时候，辅导员应该通过成就事件的方法，帮助学生体验成功，建立自信，明确自己的能力，这对后续问题的解决有着十分重要的意义。

2. 帮助学生合理定位，是解决就业问题的关键。学生对自己和社会有了科学正确的分析，并找准自己的位置后，就不容易被表象所迷惑，而会追求切合实际发展的目标。

3. 解决学生思想问题的同时，也要解决学生的现实问题。学生找准了位置，如何实现更高质量的就业？辅导员作为最熟悉情况的引路人，要提供合适的资源，帮助学生更好地就业。

## 专家点评

大学生就业问题，是全社会面临的问题，对于学生个人、家庭乃至社会都会有影响。本案例中，辅导员通过让学生体验成就事件的手段，利用咨询的方式，借助专业的工具为学生解决自身就业的定位问题。更可取的是，辅导员并没有到此止步，而是继续给学生提供丰富的就业资源，帮助学生实现高质量的就业，不失为一个优秀的案例。

——考宏涛（南京工业大学材料科学与工程学院党委副书记）

# 找准定位，勇敢迈出职场第一步

王　坤[①]

## 案例简介

小李同学是大四毕业生，经历考研失败后，毅然投入到了求职的大军当中去。在求职中，他觉得自己拥有很多优势：担任班级主要学生干部、中共党员、多次获校一等奖学金等等。因而，在找工作时他给自己定了三条标准：一是单位一定要在南京，并提供食宿；二是单位一定是知名大型企业；三是起薪要达到8000元。他投出了十几份求职简历，凭借大学期间的优良成绩与突出表现，收到了不少面试通知，但最终都没有被成功录用，要么是他的求职条件过高遭用人单位拒绝，要么是岗位竞争激烈而被淘汰。临近5月，周围很多同学都签了单位，而小李同学却还在飘荡，接连的打击让他开始变得懊恼、焦躁起来，甚至对找工作产生抵触心理。

## 案例定性分析

此案例反映的是学生就业定位偏差而导致的就业困难等问题。

## 问题关键点

1. 如何帮助小李同学走出考研失败与求职受挫的心理阴影？

2. 如何帮助小李同学找准就业定位，树立正确择业观，做好求职规划，尽快找到合适的工作岗位？

## 解决思路和实施办法

1. 主动约谈，肯定成绩，找回自信。辅导员主动询问、关心其求职进展，并与他约定具体谈话时间和地点。在与小李的谈话过程中，辅导员认真倾听他目前求职的具体情况，掌握他的心理状态，其间通过点头示意等方式传递老师对他陈述的尊重，并表示出老师对他求职的关心和重视，让小李认识到老师并不是因其还未找到工作而催促或责怪他，而是想帮助他去面对问题、解决问题。辅导员肯定小李在大学期间取得的成绩，指出其主要是在思想上、方法上出现一些问题，只要方法得当，完全可以找到适合自己的工作。

2. 帮助认识自我，引导合理定位。小李所学的专业是信息管理与信息系统，这是一个相对较新的专业，也是一个适应面相当广的专业。小李在大学期间对软件开发非常感兴趣，参加过相关竞赛，拿过省级的奖项。辅导员一方面指导他尽量能够结合自身长处，去搜索南

---

① 王坤，男，南京工业大学经济与管理学院辅导员。

京一些大型软件公司的招聘信息；另一方面，引导其对工作薪酬要有正确的认识，应届毕业生因工作经验有限，很难在一开始就获得较高的薪酬，要用长远的、发展的眼光来看待。

3. 协助剖析求职环节，提升求职技能。辅导员建议小李在去人才市场前准备几个不同版本的简历，以应对不同的企业需求，同时提醒小李在投递简历时应该有针对性，在面试前应当尽量充分了解该企业的文化背景，在面试时可以把自己的个人职业生涯目标与企业文化及企业的战略发展目标融合在一起，让雇主认为自己认同该企业的文化，愿意与企业共同发展。

## 经验与启示

1. 对于临近毕业还未签订就业协议的学生，要保持耐心。面对未就业学生，不要一味采取高压政策或者批评的态度，要去倾听学生、帮助学生、相信学生。

2. 将就业指导渗透到学生的整个大学学习过程中，这样既能够帮助学生在学习生涯中找准努力方向，又能缓解就业工作集中的压力。

3. 在就业指导工作中，要注重开展职业心理教育，注重进行就业心理问题辅导，帮助学生提高职业成熟度和心理承受能力。

## 专家点评

应届毕业生出现职业定位偏差是比较常见的现象，避免或减少此类情况发生的最好的办法是把职业生涯规划指导贯穿于平时的思想政治教育中。本案例中，辅导员根据学生具体情况，对症下药，进行有针对性的指导，不失为一个优秀的案例。

——朱忠祥（南京工业大学法政学院党委副书记）

# 悉心指导增信心

张　丽[①]

## 案例简介

索同学是一名金属材料工程专业的学生，因对所学专业兴趣不足，沉迷网络，从大二开始成绩下滑，经常缺考，多门考试成绩亮起了红灯，因学分绩点没有达到学校的要求，成为一名延长学制的大三学生。索同学因此情绪低落，心理压力较大。经过多次沟通，索同学情绪开始稳定，注意力开始转向学习。升入大四以后，索同学和其他同学一样开始找工作，往返于各个宣讲会、招聘会现场，但由于绩点不高，屡屡被招聘单位拒绝，自信心受挫。在周围同学都顺利签约时，他开始着急，出现焦虑情绪。

## 案例定性分析

此案例反映的是学生学业不佳而导致的就业困难问题。

## 问题关键点

1. 如何帮助索同学改变畏难情绪，正确看待就业中遇到的困难？

2. 如何帮助索同学培养对于就业困难的正确认知能力，提高解决问题的处理能力，树立正确的人生观，减轻心理负担，增强就业信心？

## 解决思路和实施办法

1. 引导和帮助学生进行职业生涯规划。延长学制学生在找工作时容易因缺少对自身的认识而出现盲目性，辅导员引导和帮助索同学进行职业生涯规划，确定适合他的行业和工作岗位，从而减少盲目性，促进他顺利就业。

2. 发挥就业服务团队作用。由于学生较多，辅导员要想提高工作效率，帮助更多的延长学制学生就业，就需要建立有战斗力的就业团队，努力发挥团队的作用。辅导员可以以宿舍、班级等为单位组建团队，真正通过团队的鼓励和带动，帮助更多学生实现就业。

3. 确保就业信息渠道通畅。就业高峰期，学校就业信息网更新较快，校内外每天都有大量的招聘信息，但由于索同学要重修课程，时间较为紧张，仅靠自己的能力不能获得较为全面的信息。辅导员专门安排学生干部负责向其传达就业信息，通过多种方式确保索同学能收到每天更新的就业信息，帮助其把握就业动态。

4. 做好指导和推荐工作。辅导员在就业单位与学生之间起着纽带作用，在简历的制

---

① 张丽，女，南京工业大学材料科学与工程学院辅导员。

作、面试技巧、心理疏导、职位推荐等各个环节，对索同学做好相关指导工作，积极为索同学创造机会。索同学在自身的努力和就业团队的帮助下，最终成功签约常州一家民营企业。

## 经验与启示

1. 职业生涯规划教育极为重要。延长学制学生缺少对未来的规划、容易走弯路，因此，加强对他们进行职业生涯规划指导，帮助他们树立正确的就业观、规划自己的未来和人生，有利于促进他们进一步成长、成才。

2. 发挥朋辈教育的作用。就业帮扶团队可以有效发挥朋辈教育的功能。在就业过程中，学院成立就业服务小组、“校园 HR”等学生就业服务团队，同学朋辈的示范引领，身边榜样的带动和鼓励，有利于增强延长学制学生的认同感，引导和帮助他们顺利实现就业。

3. 发挥赏识教育的作用。延长学制学生在面临就业时容易出现心理素质较差、情绪不稳的情况，学业、就业的挫折容易使他们丧失信心，这就要求辅导员宽容和接纳他们，为他们创造宽松的氛围，对他们进行赏识教育，消除他们的心理负担，努力创造各种条件和环境增强他们的自信心。

## 专家点评

就业是学校教育管理工作的重要内容。做好延长学制学生的就业工作，有利于减轻他们的心理负担，增强他们的自信心，进而激发他们的学习动力，使他们实现顺利毕业。本案例中，辅导员深度挖掘学生问题的成因，帮助学生端正学习和就业的态度，不失为一个优秀的案例。

——薛荣生（南京工业大学材料科学与工程学院学办主任）

# 走出学业低谷，实现华丽逆转

边高峰[①]

## 案例简介

康同学刚进入大学时，积极参加各种学生组织，担任班干部，在学生工作上表现出很高的积极性。大二时，随着学生工作的事情越来越多，以及学业的不断加重，他渐渐地表现出力不从心，学习成绩不断下降，甚至在期末考试中挂科。对自己有着高要求的他，心情非常低落，对自己未来的职业规划非常担心，整个人状态不佳。

## 案例定性分析

此案例反映的是学生因暂时失落而导致对未来担忧的问题。

## 问题关键点

1. 如何帮助康同学提高学习成绩，重拾自信，走出低谷？
2. 如何引导康同学做好正确的职业生涯规划，排解他内心的担忧？

## 解决思路和实施办法

1. 多沟通，多关注，建立自信。在发现康同学学习成绩下降后，辅导员主动找他聊天。在聊天的过程中，辅导员注重方式方法，保护好他的自尊心，认真倾听，并帮助他找到成绩下降的原因，尽可能地缓解康同学的压力，赢得他的信任。同时，通过对该同学进行必要的心理暗示，使他重新建立起信心。辅导员主动提出帮他减轻工作压力，并给他一些建议，比如提高做事效率，对于一些学生事务的处理上也给予一定的指导，减轻他的顾虑。

2. 持续关注，积极引导，走出低谷。在与康同学谈话结束后，辅导员通过向康同学室友以及班级同学了解，持续关注康同学的变化。对于他内心的一些波动，辅导员及时给予积极的引导。同时，通过与康同学任课老师沟通，了解他的学习状态，以及课堂上的一些表现，并找适当的机会与康同学进行进一步的交谈沟通，帮助他处理好工作和学习的关系。通过一段时间的观察，发现康同学的学习状态渐入佳境。

3. 提升状态，抓住机遇，重拾自信。随着康同学专业课程学习的不断深入，辅导员积极鼓励康同学参加专业比赛，抓住机会帮他提高能力、重建自信。康同学积极认真地参加了比赛训练，努力练习，最终获得了比赛的一等奖。那个自信的少年又回来了。

4. 悉心指导，不断鼓励，华丽逆转。随着时间的推移，康同学到了找工作的阶段，对于

---

① 边高峰，男，南京工业大学经济与管理学院辅导员。

他曾经的职业规划困惑，辅导员针对性地对他做了一次辅导，帮助他找到简历制作的不足，让他认识到自己的优势以及需要提高和注意的地方，并帮助他对自己的未来发展做好规划。同时，使他认识到自己有能力去实现更好的发展。终于，他克服重重难关，进入了一家自己心仪的上市公司，实现了华丽逆转。

## 经验与启示

1. 对于处在低谷状态的学生，辅导员应该给予更多的关注与关心，引导的同时需要注意到学生的自尊心，建立起与学生之间的信任。在学生出现转变的时候，不能掉以轻心，要投入更多的精力去了解、去观察，并针对变化及时做出新的调整与引导。

2. 辅导员应该尽可能地与学生成为朋友，真正了解学生的内心，给予学生一定的帮助与引导，鼓励他们抓住机会，建立自信，获得更好的成长。

## 专家点评

大学生进入高校之后存在适应性问题，他们需要对大学进行探索、对自我进行探索，合理设置大学生涯目标、进行大学生涯规划。本案例中，辅导员能够从倾听和陪伴入手，与学生建立起信任关系，帮助学生积极适应大学生活，使学生不断发现自己的兴趣，培养技能，逐步建立自信，取得了理想的效果。这反映了辅导员对于大学生学业规划具有良好的指导作用，是一个优秀的案例。

——刘涛（南京工业大学党委办公室副主任）

# 心理健康篇

# 破解心理密码，注入青春正向能量

不是每一粒种子都能长成参天大树，但是每一粒种子都有着向上生长的愿望。给它们合适的温度、湿度、适宜的水和土壤，它们内在的生长潜力就会释放出来。对于大学生而言，健康的情感和稳定的心理状态是形成高尚道德情操以及顺利接受思想政治教育的土壤。2017 年 2 月，中共中央、国务院印发的《关于加强和改进新形势下高校思想政治工作的意见》指出，要在服务引导中加强思想教育，把解决思想问题与解决实际问题结合起来，做到既讲道理又办实事，加强学生学业就业指导，帮助大学生顺利完成学业，加强人文关怀和心理疏导，促进大学生身心和人格健康发展。为每个学生提供有利于其成长的心理环境，有助于他们发挥长处、发挥最大潜能。重视大学生心理健康教育和心理素质的提高，已经成为近年来高校思想政治教育十大育人体系的重要一环。

心理问题的复杂性决定了解决问题的多样性，只有在工作中遵循大学生身心发展的规律，准确把握大学生的心理特点，才能帮助学生不断认识自我、完善自我、成就自我，充分发挥潜能。新形势下，学校持续探索心理健康教育与学生工作密切配合的工作模式，实现资源共享，优势互补。“关注学生心理、关心学生成长”的理念，成为学校教育的特色，“三全育人”（全员育人、全程育人、全方位育人）中渗透着对学生心理动态的关注和心理素质培养的重视。本篇列举了辅导员工作中的 20 余个典型案例，集中体现了辅导员在工作中对于心理健康教育的践行。

心理障碍的识别和干预。对那些患心理疾病的高危人群，辅导员首先要做到的是能够提早发现和及时处理，还要主动作为，整合多方面资源，如寻求专业人士的支持、家庭的配合、学校各部门的联动等。在本篇的案例中，辅导员对于大学生中常见的抑郁、被害妄想和癔症等心理障碍进行了全面掌握，还能够积极协同专业心理健康助人者，进行全程性、动态性管理，定期访谈，定期排查，及时与专业心理助人者沟通学生的状态，力争对于学生的心理危机早发现、早评估、早干预，将危机的发生消除在萌芽状态。当辅导员预判危机程度比较严重，或者超出自己的能力范围时，能够及时联络专业心理助人者，在专业心理助人者的指导下开展工作，从而对学生给予更多的关心、爱护，及时提供有效的心理支持、援助，防止恶性事件的发生。

重点人群的关注和帮扶。对于家庭环境特殊、学习困难、经济贫困的人群，辅导员通过多年的工作经验和心理健康教育专业知识，在充分把握学生心理特点的基础上，找准切入点，通过谈心、交友、解难，帮助他们解除心灵的困惑，找到重塑自我的途径。同时，对家长进行心理知识普及，引导家长关注学生心态变化，关心、理解和呵护学生的脆弱心理。在心理辅助之外，辅导员还注重从生活中为学生提供资源，使他们感受到来自老师和同学的帮助、关怀，从而树立战胜困难的勇气和信心。

发展性问题的理解和支持。根据埃里克森的人生发展理论，个体从出生到死亡的整个生命过程中，每个阶段都有自己的发展课题和发展任务，同时也会产生困惑和障碍。大学阶段，学生面临的发展问题来自人际冲突、环境适应、恋爱问题、就业问题等。本篇中有关这些问题的案例处理，辅导员能够与学生之间形成平等、尊重、和谐的人际关系，面对学生的心理问题耐心倾听，理解学生的情绪，深入学生的学习与活动，在这个过程中鼓励学生重新认识自我；利用优势视角，和学生共同探索自身和环境各方面的资源，更好地面对当前的问题；对学生取得的点滴进步，做到适当鼓励，不要求他们在一夜之间就改变原来的态度，而是采取多种类型的、开放的心理教育模式，解决他们成长过程中的种种问题，优化其心理结构，开发心理潜能。

阶段性问题的针对性处理。本篇中既涉及刚刚跨进大学校门的新生，也涉及面临就业、即将走入社会的学生，辅导员能够有针对性地对大一新生的适应问题、大二学生的人际关系问题、大三学生的就业与考研的选择问题、大四学生的就业压力问题进行教育，使不同阶段的学生能够在较短的时间内调整心理状态，完成角色转换，正确认识社会，正确认识他人，正确认识自己，找到自己的角色定位，帮助学生更好地应对生活中的挫折，调整情绪状态，革除不良习惯，帮助他们学会如何做人、如何学习、如何工作、如何生存。

个性问题的疏导和矫正。学生的气质特征、性格类型各有不同。本篇案例中，有些学生对社会生活的变化缺乏辩证的认识，对一些社会问题的理解较为片面，甚至引发逆反心理；有些学生意志脆弱，挫折容忍力差，一点小的意外即可使他们沮丧颓废；还有些学生心胸狭隘，极度自私，从而使人际关系僵化。辅导员除了采用传统的说服、榜样、评价、锻炼等方法来提高学生的思想认识，培养和发展学生的思想品德以外，还借鉴了心理辅导的理论与技巧，如运用释梦、共情、行为分析和认知分析等具体方法，和学生一起分析、面对自己人格中的积极因素与消极因素，与学生共同探讨解决问题的合适方式，帮助学生克服个性缺陷，树立生活的勇气和信心。

每个人都是自己生命的艺术家，不断创造和发展着自己的生命经验。本篇中的案例是辅导员工作的凝练，对于开展大学生心理健康和思想工作具备一定的参考意义，同时，我们也看到一个个年轻的生命，是怎样在充满爱心的帮助下被激发出生命的能量。这正是辅导员工作富有创造性和有意义的地方。

# 菜单式教育，促进特殊性格大学生健康成长

薛荣生[1]

## 案例简介

孙某，男，来自农村贫困单亲家庭。孙某性格极度内向，不愿和同学交流，参加班级活动基本不发表意见。孙某平时喜欢在同学聊天时，坐在同学中间，看着他们一直笑，让同学感觉很不习惯，还与周边同学发生多次矛盾。孙某平时非常节俭，课余时间会去教室、食堂、餐厅捡废品（主要是饮料瓶），并将它们堆放在宿舍北阳台，每隔一个月卖一次。孙某学习态度比较好，不旷课，成绩中等。辅导员找他谈话时，他也是盯着老师看，一直在笑，却听不进老师的话。孙某对问题的看法比较固执己见，对于错误的观点，辅导员很难劝服他。

## 案例定性分析

此案例反映的是学生受家庭影响导致行为特殊、性格怪异，与同学、老师交流困难，间接地影响学生在校期间全面健康发展等问题。

## 问题关键点

1. 如何帮助孙某认识到自己存在的问题？
2. 如何引导孙某改变怪异行为，学会与人交流、表达自我？
3. 如何引导孙某树立长远的目标，规划自己的生活，积累知识，沉淀升华自我？

## 解决思路和实施办法

1. 用心感召。对于在学习、生活中表现出怪异行为的学生，我们的工作的方式不能简单粗暴，不能直接告诉他们行为的错误，这样可能会加重其逆反心理，甚至酿成悲剧。辅导员应当关心他们，用心去感召他们，通过各种案例引导他们，帮他们排解学习生活中的各种困扰，鼓励他们去心理咨询中心找老师咨询、进行心理调适。辅导员考虑到该生的家庭经济情况，每年给予该生助学金资助 6000 元，基本解决了他经济上的后顾之忧，加上他平时捡废品所得，大学四年基本没有向家里要钱。平时，辅导员有意识地向他讲述出身贫寒的名人如何成才的事迹，鼓励他不要怕生活中遇到的困难，要励志成才。另外，辅导员让他担任辅导员助理，让他一周至少来学办值班 4 次，帮助老师处理各种事情。在该生值班时，辅导员经常和他聊天，了解情况，拉近他与老师的距离，让他感受到老师的关心，并教授他工作方法，

---

① 薛荣生，男，南京工业大学材料科学与工程学院学办主任。

使他提高与人交往的能力、工作能力和学习能力。

2. 双向沟通。学校教育不是万能的，与家长沟通是必要的。征得院领导同意后，辅导员请孙某的母亲来校，向她介绍孙某在校表现情况和老师、同学对他的评价。孙某的母亲向辅导员聊了孙某的成长环境和学习环境，也谈了其性格方面的一些情况，表示一定会配合老师从各方面促使孙某转变。辅导员和孙某母亲谈了需要注意的问题和工作方法等。

3. 营造氛围。辅导员指定班级学习委员负责联系孙某，尝试以朋友的身份关心和帮助他的学习，上课尽量和他坐在一起，下课后和他一起上自习，和他一起讨论问题，帮助他提高学习成绩，增强自信心。辅导员和孙某所在宿舍、大厅的同学多次开会讨论帮助孙某的具体方法，让每一个同学都明确自身的角色和需要注意的细节，共同帮助孙某。

4. 丰富生活，多重实践。辅导员指定班级文娱委员和体育委员联系孙某，鼓励他积极参加学校、班级开展的活动，丰富其课余文化生活。孙某在各种社团和活动中，逐渐改变自己，人际交往能力和团队合作能力得到提高。在每年两个假期回老家的时候，孙某的母亲都会帮他找一份实习工作，在社会这个大熔炉里，促使他有意识地改变自己，提高自己各方面的能力。孙某在大学 4 年获得了 2 次三等奖学金，顺利通过大学英语四级考试和江苏省计算机二级考试，顺利取得毕业证书和学位证书。大四就业时，辅导员指导他如何写简历、如何着装、如何面试等，最后他顺利地被南京某中型国有企业录取。

## 经验与启示

1. 多方调研，总结教训。当今，大学生群体的多样性越来越明显，特殊性格大学生越来越多。作为高校教育工作者，如何教育和培养特殊学生群体意义重大，需要多方调研，总结经验教训。教育是一个复杂的综合系统，不是学校单方面的问题，需要社会、家庭等全方位配合，才能真正促使特殊学生群体成长、成才。

2. 开启个性化教育菜单。辅导员作为工作在一线的教育工作者，不可能挑选自己的教育和工作对象，在遇到特殊性格的大学生时，辅导员要有爱心、细心和恒心，要舍得在时间、精力和情感上投入，要列出个性化教育的菜单。

3. 提高大学生综合素质。学校要积极开设社交礼仪课程和相关讲座，让学生学会如何与人交际、怎样交际，以及如何提高自己的团队合作能力。

## 专家点评

目前，我国社会阶层结构发生了广泛而深刻的变化，社会分层愈加突出，这对来自不同阶层的大学生在思想观念、性格特征、行为方式、消费支出、择业标准等各个方面均产生了深刻的影响，也对高校思想政治教育提出了一定的挑战。大学是千差万别的大学生汇聚成的一个小社会，在这个小社会中如何对那些特殊性格大学生进行教育和培养成了高校教育工作者的重大挑战。本案例中，辅导员从特殊性格大学生的各方面问题入手，正确分析导致各种矛盾的深层次原因，对症下药，采用个性化的解决方案，不失为一个优秀的案例。

——考宏涛（南京工业大学材料科学与工程学院党委副书记）

# 突破性格局限，建立良好人际关系

王　涛[1]

## 案例简介

大一女生小红，学习认真刻苦，对人有礼貌，但不善与人交流。在日常生活中，她总是独来独往，上课坐在最后一排，远离人群。小红与父母关系亲密，生活学习中遇到困难或者问题，只向父母倾诉，但她父母文化程度较低，不能理解她的困扰，也不能提供有价值的建议，这让她非常苦恼。

## 案例定性分析

此案例反映的是大一新生入学适应性问题。

## 问题关键点

1. 如何帮助小红同学快速适应大学集体生活，培养正确的学习方式与态度，缓解焦虑？
2. 如何帮助小红同学突破心理障碍，进行正常的人际交往？

## 解决思路和实施办法

1. 主动约谈，认真倾听，确立信任。在了解小红同学的情况后，辅导员积极向小红所在班级的班长、心理委员等班委以及同一宿舍同学了解详细状况，并与其家长沟通。在基本掌握情况后，辅导员主动找小红同学谈话，认真倾听她的内心想法，尽力让她处于放松状态，并且让她感受到老师对她的尊重，也让她认识到与人交流倾诉并不是丢人和困难的事情，与她确立基本的信任关系。同时，辅导员与校心理健康中心的老师交流，寻求更专业的帮助。

2. 敏锐观察，适当安抚，引导认识。辅导员在与小红的交流中，耐心倾听，通过她的神态、语言和坐姿，发现她比较紧张，辅导员便通过拉家常、谈过去的朋友以及开心的事情使她放松，引导小红同学正确认识大学学习的节奏与方式，解除紧张状态，多与同学们交流。

3. 耐心疏导，积极调适，真诚感化。结合小红家庭成长环境、性格特点等多方面因素，了解和掌握小红学习焦虑形成的原因和过程，辅导员对问题成因进行分析提炼，运用合理、有效的方法对小红进行耐心疏导，引导小红调适心态，改变学习方法和态度，解除焦虑，快乐学习，保持乐观阳光、开放的心态，主动与同学们交流，建立良好的人际关系。

4. 制定规划，逐步提升，增强自信。辅导员鼓励小红同学积极参与学校和学院举办的各项活动，以及由大学生心理健康中心组织的心理素质拓展等活动，让小红同学认识到大学

---

① 王涛，男，南京工业大学药学院辅导员。

生活的丰富性和自主性，让她感受到与人交流的快乐，进而提升自信心，突破心理障碍。

## 经验与启示

1. 积极寻求专业指导来辅助工作开展。校心理健康中心的老师可以在解决类似问题时起到非常重要的作用，工作中要积极寻求专业指导。

2. 主动与家长沟通交流，得到更多信息。处理学生心理问题时，需要通过学生家长了解学生的成长环境，从而追根溯源，掌握更全面的信息，这样才能更加快速地找到切入点。

3. 师生交朋友更有利于心理问题的解决。对于还未适应大学学习和生活的同学，辅导员要耐心倾听他们的想法，走进他们的内心，让他们充分信任自己，与他们交朋友，这样才能更好地了解他们的想法，也能很好地让他们听取老师的意见。

4. 学生帮助学生，相互成长。在学校这个集体，同学是一起生活、学习的主体，要发挥同宿舍同学、心理委员、班委的作用，请他们主动与存在各种困难的学生交流沟通，多关心这样同学的生活学习，鼓励学生增进了解，培养学生与人交往的能力。

## 专家点评

该案例反映的是典型的大学新生人际交往困难问题。从高中到大学，从家庭生活到集体生活，一系列改变引起大学生心理以及行为的变化。本案例中，辅导员运用心理学理论和方法与问题学生交流，在同学中了解具体情况，与家长积极联系配合，借助校心理中心专业手段进行约访，该学生情况不断向好发展。辅导员处理该事件时，利用学生、同学、家长、校心理中心等资源以及运用自身专业技能及时有效处理，收效明显。

——张琪(南京工业大学药学院党委副书记)

# 增强自信，改善人际关系

程晓丹[①]

## 案例简介

男生袁某，来自偏远地区，不善言谈，和班级同学关系一般。袁某学习认真刻苦，平时上课无迟到早退现象，无不良嗜好，但是学习成绩一般，甚至有挂科情况。大一时，袁某提出调宿舍，原因是宿舍同学睡觉比较晚，他习惯早睡，作息时间不一致，因此关系不太融洽。正好楼下宿舍有空床位，辅导员就将袁某安排过去。一年后，袁某又提出调换宿舍，原因是袁某看不惯宿舍同学不认真学习，而他每天上自习教室或图书馆学习，晚上10点左右回宿舍睡觉。由于和宿舍同学缺乏沟通，宿舍气氛尴尬。如果不能调换宿舍，袁某提出去外面租房，甚至要求休学、退学。

## 案例定性分析

此案例反映的是学生人际适应问题。

## 问题关键点

1. 如何帮助袁某调整心态，改善学习方法，树立信心？

2. 如何引导袁某积极面对人际交往中遇到的问题，培养良好的人际交往能力？

## 解决思路和实施办法

1. 深入宿舍和班级，了解核实情况。辅导员从宿舍同学口中了解到，袁某沉默寡言，内心敏感，与室友关系疏远。室友曾经主动与他谈话，然而袁某拒绝交心，避而不语。从班级同学口中了解到，袁某向来独来独往，除了上课，很少与同学们在一起，不参加班级活动，比较悲观，爱钻牛角尖。

2. 发挥学生干部作用，给予关心和帮助。根据袁某自己描述，与班长关系相对融洽，偶尔一起上自习。因此，辅导员决定发挥班长和其他学生干部的作用，叮嘱他们主动关心袁某，多与袁某交流，让袁某感受到来自班集体的温暖，平时主动邀请袁某一起上自习，在学习上给予他帮助，带动他共同进步。

3. 与家长取得联系，请家长介入和关怀。辅导员及时和袁某的家长取得联系并了解到，袁某父母因工作原因长期两地分居，袁某与母亲一起生活，父亲直到他高考前才调回老家工作。父母对他比较严厉，他从小就胆子小，没有安全感，每天晚上睡觉前都必须检查门

---

① 程晓丹，女，南京工业大学机械与动力工程学院辅导员。

窗是否关严实、窗帘是否拉好。大学以前没有集体生活的经验，对家里依赖性比较强。袁某平时会和母亲交流在校期间的情况，很少与父亲通电话，对父亲的感情比较复杂，既敬重又畏惧。辅导员和家长沟通之后，袁某的父亲和他电话聊了50分钟，这是前所未有的，也说明他内心愿意并且渴望得到父亲的关怀。辅导员后来又多次与其家长交流，希望他们站在朋辈的角度，与袁某多沟通，对袁某多鼓励、多开导。

4. 贴心交流，重塑目标。辅导员经常与袁某进行一对一、面对面的交流。辅导员站在朋友的角度与他沟通，让他放下戒备，表达心中所想；站在师者的角度关心他的学习和生活，让他感觉到来自学校的温暖，不再感觉到孤单。同时，鼓励他勇敢面对生活中遇到的困境，以实际行动改善和同学之间的关系。通过列举遇到困难最终走出困境的富有正能量的成功案例，帮助他重新找回信心，积极乐观地面对学习、生活、工作。

5. 发掘优点，树立信心。袁某虽然学习成绩不理想，但是刻苦努力，有上进心，喜欢阅读文学、历史图书，文笔方面在理科生中比较突出。因此，辅导员鼓励他积极参加班级团日活动，并负责新闻稿的工作；鼓励他积极参加校院组织的各项征文比赛，以获得成就感和荣誉感，重塑信心。

## 经验与启示

1. 对于宿舍中的小摩擦，一定要引起高度重视，做到早关注，早解决。作为高校辅导员，引导大学生人际关系健康发展，对大学生的人格完善、心理健康、学习生活，以及建设和谐校园具有重要而深远的意义。

2. 来自偏远地区的学生，由于生活文化差异比较大，一个完全陌生的环境常常会给他们带来生理和心理的不适，他们会比较敏感和脆弱，需要辅导员给予更多的关心和帮助。

## 专家点评

发现了学生敏感、胆怯、自卑等特征，如果不加以引导和干预，学生可能会往更悲观的方向发展，后果不堪设想。本案例中，辅导员通过正面引导，学校、家长双管齐下，共同促进学生身心健康发展，塑造学生完善人格。

——孙宇（南京工业大学机械与动力工程学院党委副书记）

# 让单亲家庭子女不孤单

季　君①

## 案例简介

小静，女，某学院2015级学生。小静年幼时父母感情不和，经常吵架，对其心理影响很大，父母离婚后，小静跟随母亲一起生活。进入大学后，全新的环境让小静产生诸多不适，导致心理压力大，抑郁、敌对、焦躁等情绪不时显现。在学校组织的新生入学心理普查中，小静的报告显示，其强迫症状、人际关系敏感、抑郁、焦虑等各方面的因子指数都偏高，学校心理咨询中心老师想与其交流，遭到小静的拒绝。

## 案例定性分析

此案例反映的是由于原生家庭问题对学生性格产生影响，进而影响其进入大学后的生活适应的问题。

## 问题关键点

1. 如何帮助小静舒缓心理压力，尽快适应大学生活？

2. 如何引导小静正确看待父母的关系，以及摆脱父母关系对其心理的影响，重新树立正确的人生观，乐观地对待生活？

## 解决思路和实施办法

1. 多面入手，了解小静心理压力的来源及现状。在拿到小静的心理普查报告后，辅导员首先翻看了小静的学生卡信息，了解她的家庭状况，得知其为单亲家庭子女；随后查看了小静发布在QQ空间的说说，了解她的心理状态，发现其会将每天遇到的事情及心情、感悟发在QQ空间里，转发行为也比较多，她还积极地给每位同学的状态点赞，这说明，小静是一个很想博得身边同学关注的人；最后，通过小静所在班级的心理委员以及小静同宿舍的室友了解了小静学习、生活上的相关状况，得知小静心理压力很大。

2. 耐心倾听，获取小静的信任。在了解了小静的基本情况后，辅导员和小静进行了一次促膝长谈。辅导员从她乐于谈论的话题入手，先取得了她的信任。随后，小静将自己的困扰倾诉给辅导员，在她很小的时候，父母经常吵架，后来父母离婚了，但这些童年的记忆一直留在小静的脑海里。她害怕被抛弃，怕被身边的人讨厌，内心极其细腻敏感。她渴望收获友谊，哪怕志趣并不相投，她也希望能通过迁就的方式，获得他人的喜爱和认可，这使她做每件

---

① 季君，女，南京工业大学计算机科学与技术学院辅导员。

事、说每句话之前都顾虑极多，生活得极不开心。而同学的一句玩笑，她明知道只是说笑，却忍不住伤心难过。在学习上，她也觉得力不从心，虽然很努力地去学，可总是听不懂。而身边的同学一有空闲时间就去图书馆学习，让小静感到了强烈的紧迫感，她愈发焦躁。小静试图通过跟高中的好朋友聊天以缓解内心的压力，然而并没有效果，她对自己的心理现状感到无力，时常哭泣。

3. 设身处地，帮小静合理规划。在耐心倾听了小静的心声后，辅导员针对她学业上的压力，告诉她大学的生活方式有很多种，并没有一个统一的标准，只要尽力就好。在努力学习的同时，可以找一些自己感兴趣的事情去做，开阔自己的视野，认识更多的人，也能交到更多的朋友。在发现小静不是很自信后，辅导员将她的优点一一罗列，告诉她，她很优秀。这次交谈让小静敞开了心扉，她感到豁然开朗，但这并不能彻底解决她的问题。

4. 重点关注，制订长期帮扶计划。在与小静谈心结束后，辅导员跟她的母亲取得了联系，将她目前的状况悉数告知。小静的母亲表示，今后会在交流中多关心她的想法，多给她鼓励。同时，辅导员让小静的助理班主任、班长、心理委员都加强与她交流，在学习、生活等各个方面给予她力所能及的帮助，让她感受到温暖。为了随时掌握小静的心理动态，辅导员让小静担任了辅导员助理一职，让小静在工作中能接触到更多的人和事，也便于她随时向辅导员吐露心声。小静的自信心在工作中得到了提升。

5. 积极建议，求助专业咨询。小静敏感、焦躁的心理起源于其不和睦的家庭，若想彻底解决其心理问题，帮助其建立健康、积极的心理状态，必须借助于专业指导。因此，辅导员利用合适的机会，建议小静到校心理咨询中心接受专业的心理辅导。

## 经验与启示

1. 单亲家庭子女、孤儿需要积极关注。对这类人群，辅导员要重点关注，多加关心，在问题发生前就掌握事态。

2. 对待有心理健康问题的学生，辅导员要耐心倾听，从学生感兴趣的问题入手，先取得学生的信任，再将其问题逐一化解。

3. 化解学生的心理健康问题，并不是辅导员一个人能做到的，还要充分发挥家庭、同学、班级等各方面的作用，必要时应借助专业心理指导。

4. 对待有心理健康问题的学生，不是一次谈心就能解决的，要长期持续关注。在学生遇到问题时，及时地给予关心和帮助；在学生取得成绩时，及时给予鼓励。要发自真心地关心这类同学，尽力减少心理疾病对其整个人生的负面影响。

## 专家点评

单亲家庭大学生是大学里的特殊群体，如何对他们中的问题学生进行教育和帮助，已经成为教育工作者日益关注的问题。本案例通过深入学生、关心学生、了解学生，分析学生的心理、行为，找准学生存在的心理问题，采取一系列有针对性的举措，取得了一定的效果，是一个很好的教育范本。

——郑娟（南京工业大学计算机科学与技术学院党委副书记）

# 打开心结走出抑郁，重拾家庭温暖

张甲田[①]

## 案例简介

赵某，女，某院15级新生，刚入校的时候乐观积极，虽然性格有些腼腆，但总是面带笑容，与同学相处融洽，并在开学初成功竞选了班委。大一寒假期间，赵某游玩时不慎将尾椎骨跌伤，推迟三周返校。按时返校后，赵某表示已无大碍，并会尽力补上所欠课程。但是没过几天，辅导员接到校心理咨询中心电话，告知赵某到校心理咨询中心咨询，经过评估，赵某有严重抑郁倾向，需要联系家长就医诊断，并需要对赵某进行重点关注。辅导员随即找她谈心，她自述情绪低落，无法自拔，对任何事情都提不起兴趣，严重失眠，没有动力去教室上课，即使上课也无法集中注意力听讲，这让她感到非常痛苦。

## 案例定性分析

此案例反映的是有抑郁倾向的学生无法回归正常的学习和生活的问题。

## 问题关键点

1. 如何帮助赵某找到问题症结，走出抑郁？
2. 如何帮助赵某树立学习目标，找到生活的动力和意义？

## 解决思路和实施办法

1. 理性看待、正确对待。作为一名高校辅导员，首先要正确看待抑郁症，对抑郁症患者要给予充分的理解、支持和关爱。辅导员在与赵某的交谈过程中发现，如果不是她亲口描述，很难想象这样一个始终面带微笑的女生是一名抑郁症患者。辅导员阅读了大量关于抑郁症的文献资料，了解抑郁症的症状、成因和治疗过程，告诉赵某正确对待抑郁症，勇敢面对，树立治愈的信心，赵某表达了想尽快康复的愿望。

2. 分工协作，全程监护。与赵某谈话以后，辅导员找到赵某同宿舍的同学和班级班长、心理委员，多方面了解赵某的学习、生活情况。大家反映，赵某虽然有点沉默寡言，但是与同学相处都比较融洽，没有发生过矛盾，最近发现她情绪比较低落，不太愿意参加集体活动，询问她原因她也不愿多说。出于对赵某的保护，辅导员让同宿舍的几名同学时刻陪伴她左右，多听少说，一旦发现赵某情绪波动或要求单独行动时，第一时间汇报。另外，辅导员向心理咨询中心请教相关注意事项。心理咨询中心安排赵某每周进行一次约谈，并在不违反心理

---

① 张甲田，女，南京工业大学法政学院辅导员。

咨询伦理的前提下和辅导员及时沟通。

3. 充分沟通，寻找原因。考虑到赵某是从家返校后出现的持续性情绪低落，辅导员找到合适时机询问她的家庭情况，聊天中得知，赵某的父母感情不和，经常吵架，在赵某放寒假及休假期间，父母一直在闹离婚。赵某有个年幼的弟弟，她非常疼爱她的弟弟，不想让弟弟没有完整的家，也觉得自己太弱小无法保护弟弟。

4. 家校联合，共同参与。学校的教育不是万能的，考虑到赵某提及家人时的异常反应，辅导员电话联系赵某的父亲，初步跟他说明情况，他父亲对辅导员的描述并没有那么震惊。他表示赵某在高中时期他们夫妻就考虑离婚，但碍于赵某即将高考而搁置，没想到现在问题更严重。几天后，赵某的父亲来到学校，与辅导员和心理中心的老师见面，详细了解了抑郁症的症状、危害以及治疗的必要性，并认识到赵某问题的重要性。但由于父女关系十分紧张，赵某拒见父亲，扬言如果她父亲去宿舍看她，她就离校出走。为了缓和赵某的情绪，辅导员建议家长先不要与之见面。

辅导员随后陪同赵某到专科医院进行检查，并遵医嘱监督其服用抗抑郁药物。在服药一周后，赵某的情况有所好转，并在辅导员的鼓励下，每天晚自习后坚持去操场跑步，睡眠情况得到了较大改善。

赵某的父亲意识到事态的严重性，表示为了孩子的健康，会妥善处理离婚问题，但是赵某仍拒绝和其父亲联系。辅导员建议其父亲通过赵某的弟弟作为桥梁，向赵某传达家里的信息，以逐渐拉近赵某与家的距离。与此同时，赵某遵守心理中心安排，每周准时做心理约访，辅导员经常找赵某谈心，关心她的学习和生活情况，鼓励她打开心结与父母沟通，为弟弟营造一个良好的家庭氛围。赵某谈及家人的态度渐渐缓和，整个人看上去也比之前开朗了许多。

5. 积极调适，打开心扉。经过一段时期的治疗、运动和心理辅导，赵某的情绪状态得到极大改善。她主动服药，积极锻炼，并向周围的同学宣传抑郁症的普遍性，积极参加集体活动。赵某与父母的关系得到了缓和，开始在微信上和父母互动，全家还在假期去了外地旅游，家长十分惊喜。

## 经验与启示

1. 身为辅导员，要积极开展心理健康教育，引导学生正确、客观地看待心理问题、进行心理自测，并积极面对自身问题，为后续的治疗奠定基础。

2. 用心沟通，用爱关怀。辅导员在工作中要始终秉承仁爱理念，善用同理心，在与问题学生的沟通过程中，多倾听、多引导，慢慢挖掘他们内心深处的想法。只有在了解症结之后，才有利于问题学生积极治疗。

3. 各方协作和配合是心理干预取得成效的保障。辅导员应积极协调好各方关系，形成合力。在鼓励学生配合治疗的同时，与同学沟通，积极联系家长，并寻求心理咨询中心的帮助。

4. 具体问题具体分析。在学生出现心理问题后，辅导员要根据学生的具体情况，以学生能够接受的方式进行干预。

## 专家点评

抑郁症是当代大学生的常见心理问题之一，如果不能得到适当的治疗会加重病情的发展，严重影响学生正常的生活和学习，甚至危及生命。本案例中，辅导员针对学生的性格特征，先谈心谈话，由浅入深、细致入微寻找问题症结所在，为避免学生见到家长后加重病情亲自带学生就医，其间做好家长沟通工作，积极引导，搭建桥梁，多管齐下，使学生的抑郁症状逐步减轻，是处理学生心理问题的很好案例。

——张晓文（南京工业大学心理健康教育指导中心主任）

# 从细节入手，帮助“双困生”走出困境

李寿菊[①]

## 案例简介

小超是一名贫困生，课堂上总是睡觉或玩手机，晚自习总是以各种借口推脱不上。辅导员主动找他谈话，希望他能珍惜学习时光，他总是不以为然。有一次他周末回家四五天都不回学校，出于安全方面考虑，辅导员跟其家长联系了解情况。小超返校后，辅导员主动与他沟通，跟他强调学校的规章制度。他不仅不解释，还明显跟老师有对立情绪，甚至声称自己从来就不是好学生，俨然自暴自弃。结果，该学期成绩他排全系倒数第三。辅导员对他看在眼里、急在心里，对于他的帮教总是收效甚微，辅导员觉得自己应该认真反思对他的教育方式。

## 案例定性分析

本案例反映的是对一位在经济条件和学业成绩方面都需要帮助的“双困生”，如何进行有效教育管理的问题。

## 问题关键点

1. 如何反思对小超以往教育管理方式的不足？

2. 如何采取有效的教育方式，帮助小超解决问题？

## 解决思路和实施办法

1. 认真反思以往的教育管理方式。贫困生是大学生中的特殊群体，他们比其他学生承受着更大的学习、生活压力，如果不懂得去化解这些压力，他们将会产生较大的心理困扰，这些困扰会让他们出现认识的偏差、行为的错误。对于这些错误思想和行为，辅导员应该严肃指出，但是不能简单粗暴。要想解决问题，需要寻找根源，对症下药。

2. 对情绪激动、出言不逊的学生，辅导员要保持冷静，不能以暴制暴。辅导员面对问题学生要有足够的耐心和宽容的态度，不可急于“消灭错误”，应首先消除学生的不良情绪，然后再进行思想教育和引导。

3. 用宽容和关爱去消融学生的对立和不满情绪，主动营造和谐师生关系。在认真反思前期对小超的教育方式后，辅导员再次与他谈心。这次辅导员没有批评他，而是主动询问他在学习、生活方面的困难，向他表示老师很想帮助他，希望他能跟老师好好沟通，共同努力解

---

① 李寿菊，女，南京工业大学土木工程学院分团委书记。

决问题。随后，辅导员循序渐进地跟他分析，发脾气和任性是不能解决问题的。辅导员还帮助小超申请助学贷款和勤工助学等，减轻他经济上的压力。同时，要求学生干部主动跟他接近，帮助他解决学习上的困难。

4. 通过家校合作，加强对学生的感恩教育。在跟小超的沟通过程中，辅导员觉察到他因学习不理想而对父母有很深的愧疚感，这让辅导员感受到他叛逆的外表下有着一颗向善向好的心。于是，辅导员主动跟小超父母联系告知详细情况，希望他们对小超多一些关心和帮助。家长在第一时间给小超通电话，没有埋怨，只是关心他的学习、生活，他头发花白的母亲还带着自己烧的饭菜到学校来看他。父母的言行使小超懂得了人生的责任，给予了小超学习和生活的动力。

5. 坚持教育跟踪，赏识微小的进步，鼓励其承担学生干部工作，激发他的荣誉感和责任心。在经过一系列帮助后，课堂上小超积极学习，课余经常去自修教室、图书馆学习。看到这些可喜的变化，辅导员除了对他赞扬外，还给他颁发了学习进步奖。同时，辅导员鼓励他积极参与班委工作，小超顺利当选副班长。这更加激发了他的积极性，他表现出了很高的学习热情和工作热情。经过两个学期的努力，小超不仅获得了奖学金，取得了专业排名第三的优异成绩，而且还顺利通过了大学英语四级和六级等级考试。后来，小超还主动写了一封信给辅导员，反省了自己的言行，并且很诚恳地向老师表示歉意。之后，小超与辅导员建立了良好的师生友谊。

## 经验与启示

1. 面对问题学生，老师不应该仅把学生作为教育对象，同时应该与学生建立起情感的心理联系，主动营造和谐的师生关系。辅导员要努力做到既是大学生的人生导师，又是他们健康成长的知心朋友，工作中要注重以情感人。

2. 为使学校和家庭教育保持一致，辅导员应与家长保持经常性的联系，要公正、客观地向学生家长汇报学生的学习和生活情况，争取家长的积极配合。

3. 思想政治教育工作要坚持以人为本，要从学生成才的目标出发，积极尝试多种工作方法。

4. 贫困生是大学生中的特殊群体，比其他学生承受着更大的学习、生活压力。因此，对他们除了进行经济帮助，更要重视精神关怀，帮助他们卸掉心中的包袱，让贫困变为他们人生经历的财富。

## 专家点评

经济上的重负，使贫困大学生承受着巨大的精神压力，导致部分贫困生产生自卑、敏感、孤僻等一系列的心理问题，成为经济上和心理上的“双困生”。如何对“双困生”给予帮助和教育，是辅导员老师面临的重大工作挑战。本案例中，辅导员把“双困生”问题放到时代大背景下进行思考和实践，引导学生理性对待贫困、化压力为动力、增强自信自尊；强化感恩教育、传承社会关爱；注重培养健全人格和阳光心灵。通过一系列行之有效的办法，辅导员使问题学生恢复身心健康、个人学习得到全面发展，是很好的工作范例。

——熊中宏（南京工业大学法政学院党委书记）

# 多管齐下，助精神障碍学生完成学业

闵　珍[①]

## 案例简介

小艳同学性格孤僻，但多才多艺，是校园十佳歌手，频频在省级或全国歌唱比赛中获奖。但是大三下学期，小艳出现一些异常，经常神情恍惚，心不在焉。她向辅导员反映，近期很受困扰，脑子里总有人和自己对话，晚上会做一些奇怪的梦，比如被杀等，睡眠质量不好，睡醒以后还是很疲倦。小艳觉察到自己的问题后，前往心理健康指导中心求助。

## 案例定性分析

此案例反映的是一个健康正常的学生突然罹患精神障碍后的紧急处置及相应的教育、管理问题。

## 问题关键点

1. 如何确定小艳目前的心理健康具体状况，以及了解她产生心理问题的原因？
2. 如何对小艳的心理问题及时采取积极的干预措施？

## 解决思路和实施办法

1. 主动约访，深入交流。得知小艳存在心理困扰后，辅导员第一时间与小艳约好时间进行谈话交流。辅导员具有国家心理咨询师资质，在交流过程中应用心理学相关知识了解和探析小艳所存在的问题。谈话中得知，小艳从高中开始就存在脑海中有人和他交流的情况，近阶段表现比较明显，且经常睡不着或者做噩梦，梦中场面比较血腥。她本人对心理学有一定的兴趣，会看一些心理学方面的书籍，所以对自己的情况感觉不是很好，自行前往校心理咨询中心进行咨询。

2. 了解情况，分析对策。通过和小艳的交流，辅导员认识到情况比较紧急，于是从几个方面进一步了解她的状况。首先，辅导员与她的舍友、班级同学进行交流，得知她平时和班级同学、宿舍同学交往都不多，属于独来独往型，即使一起上课时也交谈很少。其次，辅导员马上与校心理咨询中心联系，从小艳当天咨询的老师处得知，小艳的问题比较严重，必须尽快去专科医院进行诊断，以便采取对应的干预措施。

3. 医院确诊，联系家长。辅导员征得小艳同意后，带她前往专科医院进行检查，得出的初步结论是：重度抑郁。辅导员将情况向学院领导进行汇报，同时向小艳的家长进行反馈，

---

① 闵珍，女，南京工业大学土木工程学院辅导员。

希望家长能了解情况,引起重视,配合治疗。但小艳的家长反应相当激烈,强调这是不可能的事。后据小艳反映,其家长责怪小艳不应该去做检查,导致小艳对辅导员和学校产生抵触思想。

4. 安抚家长,商量对策。小艳家长在得知情况后第二天就赶到学校,学院领导、辅导员一起与其家长进行沟通交流,向他们普及心理疾病的知识,希望家长能帮助小艳接受正规的干预或者治疗,但其家长的态度非常坚决,一再强调小艳没有心理问题,并直接写出申明,申明小艳在校期间的一切安全问题与学校无关。虽然沟通无果,但家长承诺会经常与小艳保持联系,如果确实有问题会及时就医。

5. 春风细雨,真诚感化。小艳继续留在学校学习,在之后的一年多时间里,辅导员对其学习、生活等进行关注,了解她的生活轨迹及生活状态;定期与她交流,给她朋友式的关爱,并关注她的心理状况;在班级和宿舍找心理委员和舍友负责对小艳一对一的关注,及时了解真实的状况,避免出现盲区;定期向家长汇报小艳在学校的情况,消除小艳父母的顾虑,争取他们的配合,在辅导员真诚的劝导下,小艳的家长不仅定期和她交流、给予关爱,还接受医生的建议,督促小艳服用相关药物。通过一年多的努力,小艳顺利完成学业,并签约北京一家不错的单位。

## 经验与启示

1. 存在心理障碍的学生一般都特别敏感,和这类学生交流一定要有技巧,让学生在无意识中愿意将一些信息传递给你,否则,会造成学生更加封闭,排斥老师、排斥学校,后期工作将无法开展。

2. 辅导员要把学生工作当成一项事业来做,对学生有爱心、耐心和诚心。辅导员在日常工作中要注意从关注学生的角度出发,让学生从心底里喜欢并信任辅导员,从而愿意将真实想法与辅导员交流。这种以学生为本的和谐关系更有利于突发事情或难点问题的沟通和处理。

## 专家点评

快速的生活节奏,以及学习和生活的各种压力,使大学生中抑郁现象越来越多。本案例中,辅导员针对学生出现的抑郁症状,正确分析学生的状态,及时采取相应措施,对症下药,以情动人,帮助学生顺利完成学业,是个不错的案例。

——熊中宏(南京工业大学法政学院党委书记)

# 培养积极心理品质，让学生笑对生活

高　军[1]

## 案例简介

小汤同学是一名贫困生，学习认真，成绩优秀，做事踏实，沉稳干练。他自信、乐观、开朗，对大学生活充满期待，这些积极特质一直感染着身边的同学，给大家带来正能量。但是，随着大学生活的逐步展开，小汤发现周围许多同学吃穿用度都很富足，自己却时常捉襟见肘，自卑感逐渐产生，进而导致人际关系紧张，学业成绩下滑，引发了因适应不良而出现的一系列问题。

## 案例定性分析

此案例反映的是学生因家庭贫困导致大学适应性障碍问题。

## 问题关键点

1. 如何帮助小汤正确认识贫困问题，消除自卑心理，缓解心理压力，培养积极的心理品质？

2. 如何帮助小汤认识到人际交往的重要性，学会积极融入集体？

## 解决思路和实施办法

1. 主动约谈，仔细倾听，建立信任。发现小汤情绪低落、不愿意参加集体活动后，辅导员主动询问关心其生活情况，以他的成长经历为切入点，了解他的家庭情况、兴趣爱好、职业规划等，并结合自身成长经历以及其他同学的案例，对他目前遇到的困惑分享了一些经验，逐渐拉近距离，建立互信。在此过程中，辅导员使用心理咨询中的移情法，对他所反映的困惑，尤其是家庭的困难感同身受，让他感觉到别人的尊重和关心，逐渐放下心理包袱，确立基本的信任关系。

2. 加强沟通，耐心引导，提高自信。辅导员引导其正确看待贫困，劝说他不要因为家庭贫困而自卑和自责，鼓励他通过优秀的学业成绩感恩父母的付出。通过经典案例，帮助他树立人穷志坚的信念；通过挖掘他自身的优点，比如刻苦、志坚、独立等，帮助他培养积极的心理品质，以一颗平常心接纳自我。

3. 开展团体心理辅导，帮助问题学生认识到融入集体的重要性，建立良好的人际关系。辅导员与小汤班级的主要班委一起，有针对性地策划多次团体心理辅导、小组讨论、主题班

---

[1] 高军，男，南京工业大学2011学院辅导员。

会等活动，使其认识到团队合作的重要性和加强人际交往的必要性。通过搭建互动平台，让小汤感受到大家庭的温暖，懂得人际交往中最重要的因素——信任和包容，感受团结的力量和真诚的友谊。同时，鼓励他参加青年志愿者协会，让他在帮助别人的过程中体验自身的价值，并提高其人际沟通能力。

4. 帮助问题学生申请助学贷款、助学金和勤工助学岗位。心理调适有助于问题学生调整心态，提高自信，同时，经济方面的援助也不可或缺。辅导员根据学校资助政策，为其申请助学金，办理国家助学贷款，并为其争取学院助理辅导员的机会。通过一系列帮扶，基本解决小汤的学费和生活费来源问题，减轻其经济负担。

## 经验与启示

1. 加强贫困生积极心理品质培育。传统心理咨询与治疗基于病理学角度，以心理疾病治疗为主要任务，忽略积极心理品质的价值。每一个人都拥有积极的心理能量，作为辅导员必须学会挖掘学生的积极心理能量，通过开展团体辅导、主题班会等，培育积极心理资本，提高学生的心理资本水平。

2. 工作需要注重方法，讲究策略。要对学生的真实情况进行深入、全面的了解，要针对不同的学生、不同的问题，采取不同的教育解决方法。只有有针对性地解决问题，才能提高工作效率，做好思想政治教育工作。同时，辅导员要用爱心、耐心和诚心与学生相处，在尊重学生、平等对话的过程中，解决问题。

## 专家点评

与一般大学生相比，贫困生要承受更多的压力，更容易出现心理和行为上的问题，如不及时干预，不仅会影响其学业成绩，还会影响其人际交往和性格塑造。本案例中，辅导员针对贫困大学生的自卑、封闭等问题，正确分析原因，对症下药，解决问题，不失为一个优秀的案例。

——眭国荣（南京工业大学 2011 学院党总支书记）

# 家校联合，助学生走出心理阴霾

钱　婷①

## 案例简介

徐某，学习成绩中上等，性格活泼，积极参加班级各项活动，但脾气很大，稍不顺心即大发雷霆。大三下学期的期末考试中，徐某有3门课程交了白卷。辅导员找她了解情况，她说，不愿意考试，心情不好，失恋了。她说自己爱上了班级的两个男生，但男生移情别恋。可辅导员进一步了解发现，两个男生并未与之恋爱，徐某将自己的暗恋臆想成真正的恋爱，当发现她的暗恋对象和别的女生在一起时，她立即显示出攻击性，这使她痛苦不堪。综合徐某的各种表现，经与校心理中心老师咨询，徐某可能患有癔症性人格障碍。

## 案例定性分析

此案例反映的是对有人格障碍学生的教育和管理问题。

## 问题关键点

1. 如何引导身陷单相思的徐某摆脱情感的困扰，树立正确的恋爱观？

2. 如何引导徐某正确处理人际关系？

## 解决思路和实施办法

1. 联系心理中心和医疗机构，科学评估。通过深入了解，辅导员发现徐某具有强烈的自我表现欲，总想成为他人关注的焦点，喜欢高谈阔论，有意无意地标榜自己、表现自己、吹嘘自己。她总是在自己想象的世界里进行戏剧化的表演，情感变化频繁。同学的一句客观评价都会使她痛哭流涕，萎靡不振。但她从不吸取教训，依然故我。经与学校心理健康教育指导中心和精神医学顾问咨询，评估该学生可能患有癔症性人格障碍。

2. 联系家长，了解徐某生活史，判断行为来源。征得系领导同意后，辅导员请徐某家长来校。交谈中辅导员发现，徐某的父亲特别疼爱徐某，从小到大什么都满足她，但没有太多情感的沟通和交流，徐某的母亲不善言辞。辅导员向徐某的家长说明了徐某的情况，但徐某得知家长来校后，直接放弃考试，拒绝做一切事情。家长非常重视，主动带徐某到脑科医院检查、诊断，对症治疗。

3. 配合医疗，帮助徐某调整心理状态。辅导员引导徐某进行合理的宣泄。通过真诚的关爱、合理的引导，徐某意识到了自己的问题，敢于向辅导员倾诉内心的痛苦。辅导员建议

---

① 钱婷，女，南京工业大学测绘科学与技术学院辅导员。

徐某把自己的苦恼写在日记里，或向自己的好朋友倾诉，鼓励她通过合理的宣泄手段达到调整机体平衡的目的。

4. 多管齐下，帮助徐某走出“失恋”困局。辅导员帮助徐某运用自我安慰法调适“失恋”的情绪，帮她找到她所喜欢的男生的缺点，以达到自我安慰的目的。此外，运用心理转移的方法分散其注意力，如鼓励她做自己感兴趣的事情、积极参与到集体活动中。辅导员还特别嘱咐其父母，在徐某寒假回家期间，要细心做其工作，带徐某散散心、出去旅游等。目前，徐某能够积极听课，主动参加集体活动，性格也比以前开朗了。

## 经验与启示

1. 引导青年学生树立正确的恋爱观。大学生正处于情感勃发期，要积极引导学生树立正确的恋爱观，防止学生因对爱情的美好憧憬与向往而陷入虚幻的爱情旋涡。

2. 学校教育不是万能的，与家长沟通是非常必要的。学校只是学生教育的一个方面，应邀请家长积极协助老师解决学生的问题，让学生感受到学校、老师、同学关爱的同时，也感受到家庭的温暖。

3. 丰富的校园文化有助于学生建立良好的人际关系。大学校园文化是多元的，学校、班级积极开展形式多样、内容丰富的社团活动，有助于学生培养各方面的能力，建立良好的人际关系。

## 专家点评

大学教育中，应引导学生正确认识和对待青春期各种生理和心理反应，帮助学生克服焦虑、恐惧、烦躁不安、自责、自卑的心理障碍，鼓励并引导男女生之间正常交往，做到互相尊重、互相爱护、互相帮助、取长补短。辅导员应特别注意引导女生在男女交往中做到自尊、自爱，把握好分寸；教育男生尊重、爱护女生。辅导员在处理学生的情感问题时，应做好充分的心理疏导工作，通过各种方法帮助大学生树立正确的恋爱观。本案例是对陷入情感危机的青年学生进行正确教育引导的有益探索。

——段然堂（南京工业大学测绘科学与技术学院党委书记）

# 人文关怀使贫困学生摆脱困境

闫志华[①]

## 案例简介

陈某，来自农村，父母务农，父亲长期患病，不能从事重体力劳动，家庭生活困难。陈某与父母交流甚少。辅导员发现陈某不爱讲话，喜欢一个人学习，便鼓励他多与同学交往。但陈某依然独来独往，对于学院和班级的集体活动也不主动参加。陈某虽然学习很努力，但成绩一般，期末考试出现两门课程不及格。

## 案例定性分析

此案例反映的是学生因家庭经济困难导致自卑、孤独，难以融入大学生活的情况。

## 问题关键点

1. 如何帮助陈某克服自卑心理，帮助其自立、自强？
2. 如何引导陈某融入大学生活，科学规划大学生活，在大学中顺利成长、成才？

## 解决思路和实施办法

1. 主动约谈，了解情况。辅导员主动约见陈某，了解其在校生活和学习情况。在谈话过程中，辅导员注意倾听陈某的叙述，了解陈某对大学生活的评价和感受。因陈某性格内向，不善表达，辅导员注重用简洁的话语进行引导，使陈某敞开心扉，并通过点头、简单复述等表达老师在认真倾听其陈述，适时进行正面安抚，让陈某感觉到老师对他的关心，确立基本的信任关系。

2. 剖析原因，帮助调适。辅导员进一步与陈某的家长、班委、舍友联系，了解陈某的家庭情况、性格特点、班级表现和宿舍生活情况，在此基础上分析其难以融入大学生活的原因，运用合理、有效的方法对陈某进行耐心疏导，引导陈某调适心态、建立自信，形成健康、积极的发展观、人生观。辅导员把经济帮扶、人文关怀、心理引导和经济困难、学业困难、人际关系困难结合起来，引导陈某敞开心扉，帮助陈某走出自卑、封闭的状态。

3. 合理规划，逐步提升。辅导员安排陈某在学院做学生助理，勤工俭学，并给他详细讲解了助学贷款、国家助学金、校内困难补助等资助内容和形式，让他消除后顾之忧。辅导员鼓励陈某积极参加学校和学院的活动。在与院学生会沟通后，学生会吸纳陈某进入学生会宣传部，陈某利用其绘画特长，负责海报设计。陈某逐渐开朗起来，自己也感觉有了归属感。

---

① 闫志华，女，南京工业大学法政学院辅导员。

同时，采取结对子的方式，让班委对其进行学业和生活帮助，并经常向班委了解他在班级和课堂中的表现。陈某的学习成绩逐渐提升，与同学的关系逐渐好转，慢慢自信起来。

## 经验与启示

1. 高校贫困生帮扶工作应坚持资助与教育并举。部分贫困生存在自卑感和孤独感，处理类似问题时，不仅要做好学生的经济资助工作，还要做好他们的思想工作，这对学生整体稳定和贫困生自身发展具有重要意义。辅导员应从多个方面了解贫困学生的学习生活背景、家庭教育背景、人际关系背景、心理发展过程、成长经历，多关爱，多鼓励，多沟通，多交流，只有找到了病源，从源头挖起，才能“药到病除”。

2. 对贫困生要注重人文关怀和心理疏导。高校学生工作者，要用心与贫困生交流，与他们建立朋友关系，彼此相信，鼓励并引导他们正视贫困、接纳自我，勇于直面生活中的困境和逆境，帮助他们树立自信心，激励他们不断完善自我，培养他们自强、自立、自尊、自爱的意志和品格。同时，要营造良好的班集体氛围，鼓励贫困生积极融入其中，踊跃参与班级工作和校园活动，在活动中培养他们自我教育、自我管理和自我服务的意识和能力。

3. 加强贫困生职场教育，注重能力培养，全面提升综合素质。高校工作者要重视对贫困生的综合能力培养，在给予经济帮扶的同时，给他们提供更多的锻炼机会和平台，鼓励他们勇于展示自我，强化竞争意识，全方位提升综合素养，以适应未来社会激烈的竞争。

## 专家点评

部分家庭生活困难学生存在自卑心理，难以融入大学生活，易产生生活困难、学习困难、人际关系困难的连锁反应，影响他们的成长、成才。本案例中，辅导员针对贫困生难以融入大学生活的境况，正确剖析原因，对症下药，帮助学生合理规划大学生活，培养学生自立、自强、自信的品质，不失为一个优秀的案例。

——刘海存（南京工业大学马克思主义学院副教授）

# 营造积极心理环境，助弃考生健康成长

周　成[①]

## 案例简介

李某，某学院2010级学生，多次获得二等及以上奖学金。李某对自己要求很高，将考研目标定为天津大学化工专业。由于掌握的考研复习资源比较少，又因为比较内向，不好意思向其他同学求助，李某担忧自己能力不够，导致精神压力越来越大，复习的效率也越来越低。在考研前一天，由于内心的巨大恐慌，李某选择了逃避，并且打电话向辅导员哭诉。辅导员感觉其精神压力很大，说话紧张结巴，逻辑混乱，焦躁不已。

## 案例定性分析

此案例反映的是学生在考研过程中因面临巨大压力而产生精神高度紧张，并对未来失去信心，影响日常的学习、生活的问题。

## 问题关键点

1. 如何做好李某的安抚工作，帮助其恢复理智，确保其人身安全？

2. 如何帮助李某重新规划目标，完成学业，顺利就业？

## 解决思路和实施办法

1. 安抚情绪，帮助学生恢复理智。听到李某的哭诉，辅导员首先对他表示共情，理解强大的压力给他心理造成的负担，同时劝慰、疏导他，每个考研的同学都会有这样的压力。在李某冷静下来后，辅导员让其在家休息几天再回校面谈。

2. 及时联系家长，保证学生人身安全。与李某通话后，辅导员第一时间向其家长通报了李某的情况，请家长多陪伴，并注意孩子动态，提醒家长以安抚为主，待孩子情绪稳定后，再回校详聊。经过几天的休息，李某逐渐平复，在其家长陪同下回到学校。辅导员与李某沟通后，得知他确实是因为考试紧张而导致心慌、心理压力过大，不得不选择逃避来释放压力。

3. 帮助学生做好合理规划，解决现实问题。辅导员告诉李某，人在成长的过程中，肯定会遇到挫折和失败，这是人生的财富；现在要勇于面对，积极对自己的人生规划做进一步调整。辅导员引导他吐露自己的真实想法，帮助他重新设计了未来的定位和目标。

4. 借助专业机构进一步观察、疏导。辅导员推荐李某去学校心理咨询中心进行咨询，并去专科医院做了初步检查，遵医嘱用药辅助治疗。同时，安排宿舍同学关心、帮助他，并及

---

① 周成，女，南京工业大学化学与分子工程学院辅导员。

时汇报相关情况。

5. 提供就业平台帮其就业。辅导员定期找李某谈话，了解其找工作的进程，并请他担任班级就业委员，多增加与就业单位的接触机会。一段时间后，李某的心理压力明显减小，恢复了与人沟通交流的能力，自信心得到了重建。最终，他通过自己的努力，签约了苏州一家企业。

## 经验与启示

1. 心理健康对于大学生成长、成才无比重要，没有健康的身体和精神状态，再多的知识都无法发挥作用。

2. 合理的职业生涯规划有助于学生健康成长。许多同学感到就业压力巨大，其根源是自己对个人职业生涯规划有所欠缺。很多学生面对择业，都表现出紧张、无助、无自信、无底气的状态，很难做出理智选择。因此，有效辅导、帮助学生进行良好的职业生涯规划应贯穿于大学教育始终。

3. 应根据不同学生的性格特点，采取合适的方案疏导学生心理，给予指导帮助。在出现明显的心理疾病之前，防患、预防比事后补救要重要得多。

## 专家点评

该案例中，辅导员从毕业班高压心理事件的处理入手，并引申出问题的关键，应将职业生涯规划的教育问题追溯到整个大学阶段，这是大学生人才培养需要注意的关键点。大学教育工作者应帮助学生营造积极的生活状态和学习状态，有规划地完成大学生活，走出有自己特色的人生之路。此案例具有一定的代表性，是很好的工作案例。

——弋鹏（南京工业大学化学与分子工程学院党委副书记）

# 用真情融化心灵的冰川

张　丽[①]

## 案例简介

小崔，大一学生，从小在部队长大，家庭教育非常严格，经常受到体罚，高中时期与父母关系紧张，加之学业压力较大，头发全部脱落。军训期间，小崔自由散漫，多次与教官发生冲突。上课后，小崔经常不遵守规章制度，我行我素。对于任课老师的批评，小崔以无理的态度搪塞，甚至指责学校“多管闲事”，并说“开除我也不怕，这个学校不上也罢”。

## 案例定性分析

此案例反映的是由于家庭教育不当导致性格扭曲的大学生的教育管理问题。

## 问题关键点

1. 如何找到小崔性格问题产生的根源？
2. 如何引导小崔发现自身的亮点，促使他发生改变？

## 解决思路和实施办法

1. 充分重视家校联合，寻求问题产生的根源。对于因家庭成长环境造成的性格问题学生，家长才是“系铃人”，辅导员应多与学生家长沟通，以便于问题的处理。在与小崔的父亲取得联系后得知，小崔的性格是由于其母亲经常责骂所致，尽管小崔外在表现强势，但内心脆弱，有一定的自闭倾向。他也给辅导员提出了一些建议，比如多沟通、多鼓励、多表扬，让其多参加户外运动等。

2. 灵活掌握管理尺度，给予学生一定的自由空间。为了缓解小崔的抵触情绪，辅导员采用了晚自习巡楼时偶遇的方式和其谈话。对于他退学后出国的想法，辅导员让他自己列出出国所需的条件，然后分析自身具备的条件，以此发现自身的不足，摆正自己的位置。

3. 尝试采用逆向思维，引导学生实现自身价值。大一下学期该班换届选举，该生当选班长。辅导员起初并不准备任命，但通过逆向考虑后，决定给其一个月的试用期。在试用期内，小崔充分发挥了自己的领导才能，每两周组织一次班级活动，使得该班级凝聚力明显提高，小崔自己在纪律方面也能严格要求自己。经过两个学期的努力，小崔的学习状况有了明显改善，成绩稳步提高，人际沟通能力增强，积极参加学校活动，为班级赢得了集体荣誉。

---

① 张丽，女，南京工业大学材料科学与工程学院辅导员。

## 经验与启示

1. 要有耐心。遇到有个性的学生，辅导员要有足够的耐心，才能慢慢走进学生的内心，才有机会改变他们的一些想法。

2. 要有宽容心。要在制度上要给予问题学生一定的灵活性，在不触及原则的基础上，适当放宽政策，但必须要防止学生失去控制。

3. 要有换位思考的意识。学生出现性格问题与其家庭环境、成长条件、年龄层次有关，必须全面了解、换位思考，才能与这类学生进行有效沟通。单纯地利用强制方式，反而容易触动其逆反情绪。

4. 要善于发现学生的闪光点。辅导员要善于发现问题学生的长处，发掘其身上的潜能，充分肯定他们的优点，这样才有利于学生找回自我，获取战胜困难的更大勇气和信心，从而实现自我管理和自我教育。

## 专家点评

父母是孩子的第一任老师，家庭教育的偏颇甚至扭曲会严重影响学生的世界观、人生观和价值观。面对问题学生，本案例中，辅导员深度挖掘问题成因，综合采用启发式教育和第三方教育等方式，灵活掌握管理尺度，用真情一步步感化学生受伤的心灵。该案例不失为一个优秀的案例。

——薛荣生(南京工业大学材料科学与工程学院学办主任)

# 培养信心，助民办生成功就业

张　丽①

## 案例简介

小李，男，某院11级民办学生。就业季初次面试的失败，极大地打击了小李的信心，连续几天他都提不起精神去关注招聘信息，甚至认为自己没有实力去参与激烈的就业竞争。经过一段时间的心理恢复，小李再次踏上求职之路。然而，他面试了十几家公司，每次到了最后一轮都被淘汰。看着周围同学陆续签约，小李的情绪变得很低落，一连好几天都没有出宿舍。

## 案例定性分析

此案例反映的是求职受挫学生的教育管理问题。

## 问题关键点

1. 如何帮助小李找到求职失败的症结所在？

2. 如何引导小李不断挖掘自身潜能，实现综合素质的提升？

## 解决思路和实施办法

1. 有效沟通，详细了解相关情况。通过交谈，辅导员发现小李一直被自卑的情绪所困扰。首先是高考的时候，因为生病，没有考好；其次在其上民办学院期间，他刻苦学习，积极参加校内外各种活动，也获得了不少荣誉，但是在求职过程中，他总是感觉面试官对他的学历耿耿于怀。自卑的情绪使其在求职中提及学历问题时，总感觉别人在歧视他，因而他会变得敏感，说一些不该说的话，导致求职屡次失败。

2. 合理引导，循序渐进解决问题。发现问题的症结后，辅导员首先让他回顾了成长过程中的成就事件，逐步发现自己的优势，增强自信心。随后，辅导员对他进行了简单的面试培训，帮他分析了企业了解学历的原因，让他明白并不存在歧视，告诉他应以平和的心态面对这个问题。

3. 家校合作，共同努力。这次谈心结束，小李同学并没有迅速振作起来。于是，辅导员与其母亲取得联系，了解了小李的一些家庭情况，共同讨论如何让小李振作起来。小李的母亲多次与小李沟通，也经常给辅导员和学院打电话了解小李的情况。在学院和家庭的共同努力下，小李终于重拾了信心，注意收集面试经验，经常和身边的同学讨论面试技巧。最终，

---

① 张丽，女，南京工业大学材料科学与工程学院辅导员。

小李凭借出色的表现，获得了包括仪征化纤、金陵石化、和氏璧化工等知名企业的笔试和面试机会，实现了成功就业。

## 经验与启示

1. 正确引导，努力转变。学生在求职过程中，特别是遇到挫折的时候，辅导员应引导他们保持坚持到底、平和淡定的良好心态。同时，应使学生学会冷静客观地分析求职失败的原因，认真总结自身存在的不足，并及时找出应对方案。

2. 重视心理，加强教育。针对求职中不断遭受拒绝、自信心受到打击的学生，辅导员需加强与他们的交流，及时化解他们的消极想法，使他们重塑自信，帮助他们以积极的心态面对求职中遇到的问题。

3. 加强沟通，化解矛盾。学校方面需要经常和家长联系沟通，交流和反馈学生的学习、生活情况。遇到有困扰的学生，家长和学校应配合解决，才不至于造成更严重的后果。

## 专家点评

目前就业形势严峻，学生常常遇到就业困境和挫折，心理压力很大。开展就业心理辅导，疏导就业受挫后的焦虑、自卑、抑郁等心理问题，引导学生调整就业期望，以积极的心态面对就业，不仅是高校就业工作的需要，也是人才培养和社会发展的需要。本案例中，辅导员针对学生就业受挫的思想根源，对症下药，有的放矢，从根本上解决学生的思想问题，不失为一个优秀的案例。

——薛荣生（南京工业大学材料科学与工程学院学办主任）

# 爱的对话，把迷途人生引向正轨

乐　凤[①]

## 案例简介

小石，男，某学院大一新生，学习成绩较好。小石在高三时交往了一个女朋友，自己一直认为彼此感情很好，甚至计划二人毕业后即回老家结婚。可是开学后不久，小石的女朋友向小石提出分手，并与另一个男孩相恋。小石难以接受，哀求复合但仍被拒绝。从此，小石经常在宿舍哭泣，晚上也常常失眠，上课没精打采，成绩直线下滑。小石还不时地打电话给其前女友，甚至向其发送威胁短信。有一次，小石跑到女孩学校要求见面，女孩无奈报警，小石深夜被民警送回学校保卫处。

## 案例定性分析

该案例反映的是因为失恋而产生极端情绪和报复心理的学生的教育管理问题。

## 问题关键点

1. 确定小石的精神状况，评估危机程度。
2. 如何让小石正确面对失恋，树立正确的恋爱观？
3. 如何引导小石重新认识自己，做好大学职业生涯规划，回到正确的成长轨道？

## 解决思路和实施办法

1. 及时介入，倾听共情，安抚情绪。小石被民警送回学校后，辅导员首先向民警和保卫处了解具体情况，并做好相关记录。随后，辅导员认真倾听小石述说整个事件的来龙去脉，了解他的心理状态。辅导员对他表示理解和同情，并告诉他，老师和同学都很担心他，让他感受到大家对他的关心。辅导员还和他分享了以前的类似案例，告诉他当事人现在都过得很好，让他对未来充满希望。送小石回宿舍后，辅导员让舍友和班委分散其注意力，并密切关注小石的动向，及时报告。最后，辅导员将具体情况向学院领导做了汇报。

2. 了解过往，掌握现在，把握基调。辅导员从小石的朋友、舍友处进一步了解小石的性格、爱好，以及学习和生活状态。随后，辅导员与小石的家长取得联系，一方面让其家长知晓情况，对小石进行安慰和关心；另一方面，通过小石的家长更深入地了解小石，为后续工作奠定基础。

3. 客观分析，共同讨论，引发反思。辅导员再次找小石谈心，详细地询问他与前女友的

---

① 乐凤，女，南京工业大学安全科学与工程学院辅导员。

感情经历、分手原因，找出他的心结。在谈话中，辅导员与小石一起探讨几个小问题：第一，这个女朋友真的适合他吗？是不是人生观存在很大分歧？第二，一味地纠缠下去，能设想一下后果吗？第三，大学除了恋爱还有哪些有意义的活动？生命中除了女朋友还有哪些重要的人？通过对这些问题的探讨，让小石意识到恋爱不是大学的全部，引导他接受分手的现实。

4. 发现优势，树立信心，制定规划。经过以上工作，辅导员进一步引导小石全面认识自己，帮他树立信心，鼓励他参加各种活动，使他把主要精力放在学习上。

5. 后续关注，持续反馈，集体教育。辅导员对小石进行持续关注，及时掌握其动向，适时请心理老师介入，将情况及时向小石的家长和学院领导反馈，并借此机会邀请专业老师对班级学生进行恋爱观教育。

## 经验与启示

1. 做好新生排查、摸底和教育工作。在新生入学时，辅导员可以对学生的恋爱情况进行摸底调查，便于有针对性、有预见性地进行正确的恋爱观教育。

2. 加强挫折教育，培养理性平和心态。在日常的教育与交流中，辅导员应有意识地培养学生用健康、平和的心态正确看待问题，理性地解决问题。

## 专家点评

大学生对于恋爱问题处理不当，很大的原因是其恋爱观不成熟、人生价值观不明确，缺乏正确的人生规划，如不能加以正确疏导，将会导致学生出现学习问题、心理障碍，甚至发生生命危险。本案例中，辅导员能从学生全面发展的角度出发，正确分析问题学生的行为，对症下药，利用多方渠道，帮助学生重拾信心、制定科学的人生规划，不失为一个优秀的案例。

——喻源（南京工业大学安全科学与工程学院党委书记）

# 心理疾病学生的危机干预

周 成[①]

## 案例简介

张某，男，某学院大三学生。张某的父母都在事业单位上班，家庭情况正常。张某喜欢独处，很少与人交流，喜欢宅在宿舍看小说、打游戏，很少参加班级活动，上课时常不出勤，成绩中等偏下，不注重形象。某日下午，张某突然间冲到辅导员办公室质问校组织部和校纪委在哪里，并伴随着摔书包等冲动行为。辅导员与他交流，他似乎听不到，摔了书包后，夺门而出，并且对着陌生人咆哮。张某生所在班的班长及副班长及时赶来，告知张某最近一个月精神异常，经常在外留宿或者很迟才回宿舍，并且表现得非常紧张，常说感觉周围不安全、有人要加害于他。

## 案例定性分析

该案例是反映的关于被害妄想症学生的危机干预问题。

## 问题关键点

1. 如何保证张某及其他学生的人身安全？
2. 如何进行及时有效的干预？

## 解决思路和实施办法

1. 保障安全，跟踪监护，信息上报。辅导员根据经验和掌握的心理学知识，判断张某精神出现了问题，立即派一名同学跟着张某。通过向班长详细了解情况，辅导员猜测张某可能患有被害妄想症，随即安排班长、副班长及同宿舍同学陪同，并第一时间向学院党委副书记汇报情况。

2. 了解详情，安抚情绪，专业评估。辅导员向校心理咨询中心介绍了张某的情况，但因张某不配合，并没有带他到心理中心咨询。在张某稍冷静下来后，辅导员请班长陪同他到办公室，询问他有何诉求，并对他提出的学校安全方面的要求做了记录，以表示对他尊重。辅导员随即与张某的家长通电话，详细阐述了张某的具体情况，建议家长来学校看望孩子，并带孩子去专业医院做检查。

3. 联系家长，耐心沟通，专业治疗。张某的家长不相信辅导员叙述的情况，表示孩子很乖巧，也不相信孩子精神有异常。张某的家长于第二天晚上到达学校，并将张某接到宾馆住

---

① 周成，女，南京工业大学化学与分子工程学院辅导员。

宿。通过一天的接触，张某的家长说孩子没有心理疾病，只是因学习压力大造成了精神过于紧张。学校建议家长陪着孩子去心理中心做咨询，但他们没有去。辅导员与家长进行了耐心的沟通，了解了张某高中时的情况，找到了病因，家长也逐渐正视孩子的问题，决定陪孩子去专业医院检查。经鉴定，张某患有被害妄想症，医生为其开药进行治疗。由于工作原因，张某的父母无法长期陪伴孩子在学校读书，张某由从小陪伴其长大的爷爷来校租房陪同一段时间，监督其吃药和学习生活。

4. 跟踪监护，妥善安排，护航成长。辅导员安排张某所在班级开展补课活动，集体提高复习效率，也邀请张某参加补课，并且组成互帮小组，帮助其提高学习信心。通过半个月的观察，虽然该生精神状态有所好转，但因其精神紧张对学习影响严重，辅导员再次与其家长沟通。最终，家长决定让张某休学一年。

张某回家后，家人悉心照料，他坚持服药，精神状态明显好转。家长对学校的工作表示感谢，告知张某开始外出做兼职，并开始体育锻炼，病症明显减轻。一年后，张某复学，精神状况和行为表现正常，一年后顺利毕业并找到了理想的工作。

## 经验与启示

1. 辅导员在第一时间预估了事态的严重性，并及时向学院领导和专业部门请教，及时联络家长，安排周围学生陪同问题学生，防止事态进一步发展，这在保证学生安全性问题上做出了比较正确的选择。

2. 家校医结合，多方协同。因该案例中学生的情况具有一定的危险性，所以辅导员向心理咨询中心寻求指导，并耐心动员家长积极寻求专业医疗机构进行诊断和治疗，抓住了治病的关键期。

3. 辅导员主动指导学院学生志愿服务组织和心理协会工作，积极鼓励学生组织开展丰富多彩的活动，以培养学生良好的人际交往能力。

## 专家点评

该案例是比较典型的突发心理疾病事例，该疾病具有一定的危险性和影响性，如果不能妥善处理，极有可能发生不良后果。本案例中，辅导员第一时间紧急处理，保证学生们的人身安全，并及时向专业人士求助，积极做好与家长和班级同学的沟通工作，细致准确，多管齐下，控制住了局面，值得肯定。

——弋鹏（南京工业大学化学与分子工程学院党委副书记）

# 用爱拯救生命，用心铸就未来

吴洛婵[①]

## 案例简介

宋某，女，某学院大一学生，家境困难，自尊心和好胜心强。宋某在上大学之前与男友分手，进入大学后一直沉溺失恋的痛苦中不能自拔。又因水土不服，上吐下泻，每天只能吃一些清粥，经常发烧感冒。同时，一口浓重的乡音对宋某日常的交往造成严重障碍，她无法结识新的朋友，上课时常常听不懂、理不清，严重影响了学习。自责、内疚和痛苦让她产生轻生的念头，她决定在轻生之前跟辅导员谈谈，于是加了辅导员的QQ。

## 案例定性分析

本案例反映的是因失恋、水土不服、学习和人际交往受挫等多重因素影响而产生轻生念头的学生危机干预问题。

## 问题的关键点

1. 如何与宋某保持联系，并制止其轻生行为的发生？

2. 如何进行有效的疏导和干预，帮助宋某解决其所面临的问题？

## 解决思路和实施办法

1. 深入班级与宿舍，了解核实情况。辅导员及时找到宋某所在寝室同学、班级学生干部、主要任课教师了解情况，大家普遍反映宋某性格特内向，很少主动与他人交流，有时会一个人在寝室哭泣；身体多病，体质较差；课堂表现一般，从不主动发言，学习成绩不理想；愿意记日记和上网。

2. 及时与家长取得联系，请家长进行干预与关怀。辅导员从宋某的家长处了解到，她确实在高中时有一个男朋友，但后来男生考上了非常好的大学便提出与宋某分手。宋某在家是个很懂事和能干的孩子，不太爱说话，很爱干净，学习成绩不是特别好，但特别用功。辅导员向宋某家长通报了宋某的情况，要求家长对其多关怀、多鼓励、多沟通。

3. 针对失恋、水土不服等问题，有针对性地进行教育、疏导。辅导员在与宋某进行QQ聊天时曾多次表示想与宋某面对面进行一次谈话，但都被宋某拒绝了。于是，辅导员坚持在QQ上与宋某进行了近半年的交流，时常提到生命的意义，鼓励宋某要坚强地面对生活，珍惜自己的生命，劝告她要好好学习文化知识，才能使自己有能力面对生命中的一个又一个不

---

① 吴洛婵，女，南京工业大学化学与分子工程学院辅导员。

确定。功夫不负有心人,宋某的状态逐渐稳定、好转。

4. 发动学生干部、寝室同学、任课教师等共同进行帮助。在第一次聊天后辅导员便把宋某的情况及时向学院领导进行汇报,大家讨论后决定采取以下措施:① 给宋某所在寝室同学及学生干部开会,说明宋某的特殊情况,希望大家能对宋某给予更多的帮助与关爱。② 党委副书记向授课老师们通报宋某的情况,希望能够体谅她的特殊情况,在上课时能放慢语速。③ 安排班级信息员,密切注意其心理与行为,如发现异常,及时通报。通过大家的共同努力,半年后,宋某放弃了轻生的念头,主动学习普通话,与班级同学关系融洽,性格趋于开朗,学习成绩明显提高,并获得了当年的三等奖学金,对同学和老师深怀感恩之心、对生活充满信心。

## 经验与启示

1. 对外地学生要格外关爱。在生活环境、文化、习惯等方面与本地有较大差异的外地学生,由于刚刚来到一个完全陌生的环境,心情与身体会出现各种问题,他们脆弱、敏感,辅导员要及时给予他们关心和帮助。

2. 网络是思想教育的新途径。现在的学生对网络的利用率很高,为了便于沟通和交流,辅导员要充分利用网络平台了解大家的思想状况。

3. 学生恋爱观及人生观教育必须加强。对生命漠视的原因是没有正确的人生观,因此,要加强学生的人生观、世界观、恋爱观教育。

4. 开展好思想教育要有全员意识。学生思想教育的开展绝不是单独依靠辅导员的力量就能实现的,因此要利用一切资源对学生进行思想教育。学生干部、寝室同学、任课老师、学生家长等对学生思想的改变都会起到很大的作用。

## 专家点评

这是一起由于外力变化而引起学生过度反应的案例。学生离开自己熟悉的生活圈后,由于极大的反差,导致心理受阻、产生各种不适。辅导员在知晓学生产生问题的真实原因后,对学生进行心理干预和调适,效果明显。案例概括中,有两条特别需要赞赏:其一,辅导员根据学生的交往习惯,用网络平台对学生进行跟踪和反馈;其二,辅导员能对沉默寡言、被动消极的学生做到积极关注。

——温晋锋(南京工业大学继续教育学院党委书记)

# 释梦，让学生走出噩梦

杨　瑾[①]

## 案例简介

小张，女，某学院2015级学生。自入校以来，小张学习情况稳定，和同学相处融洽。小张家庭和睦，从小父母比较宠爱她，父母身体健康，有一个比她小9岁的弟弟，家庭经济情况尚可。小张不敢独自一个人待着，经常做噩梦，觉得自己的状态不好，非常苦恼。

## 案例定性分析

此案例反映的是学生因心理问题而导致的身体和精神上的困扰。

## 问题关键点

如何帮助小张消除独处的恐惧？

## 解决思路和实施办法

1. 收集基础信息。通过与小张谈话，心理辅导员了解到，小张害怕一个人待着，不敢一个人上厕所，不敢一个人在路上走，不敢一个人在宿舍洗澡。小张从小就胆子小，小学时挺活泼，进入初中以后开始莫名的害怕，高三的时候特别严重，最近经常做噩梦，总是梦到被人追杀，后来梦到自杀，然后就惊醒。

2. 回顾成长经历，探讨恐惧原因。小张与父母关系融洽，即使弟弟出生以后，父母对小张依然非常宠爱。小张性格温和，从不和人争吵，即使发生矛盾，也都是自己消化解决。通过后与小张成长史的了解，辅导员意识到小张的恐惧可能和被压抑的攻击性和超我的冲突有关，随后与她进行了一次关于梦的讨论。通过对梦的分析，小张对自己有了比较深入的了解，愿意配合辅导员进行下一步的工作。

3. 转介咨询，配合帮扶。经小张同意，辅导员将其介绍到校心理咨询中心进行心理咨询。经过一段时间的疏导，小张虽然有时还做噩梦，但焦虑情绪有所缓解，可以一个人上课、下课，一个人在宿舍待一会儿。辅导员经常找她谈话，了解她的情况，对她给予支持和帮助，鼓励她多表达、多参加集体活动。

## 经验与启示

1. 面对学生的困扰，辅导员要有包容、接纳的心，这样才能让学生敞开心扉，说出困扰。

---

① 杨瑾，女，南京工业大学数理科学学院辅导员。

每一个问题的表象下都有深层次的原因，找到真正的原因才是工作的方向和重点。

2. 在学生问题干预过程中要耐心、细致，一步步排除可能的客观原因，由表及里，帮助学生逐步深入探索自己，切记心急。

3. 通过疏导，引导学生对自己有更深入的认识，发现自己以前忽略的问题，让学生突破思维定式，从一个全新的角度去善待自己，才能使学生最终获得成长。

## 专家点评

如果我们能够通过分析自己的梦境，更好地认识自己、接纳自己，这将是一次很好的个人成长机会。本案例中，辅导员作为国家二级心理咨询师，运用自己的心理学知识和心理咨询技巧，巧妙地帮助问题学生通过梦和自己的内心深处建立连接，看到了平时看不到的自己的另一面，从而获得成长，不失为一个优秀案例。

——吴慧红（河海大学公共管理学院教师，博士）

# 以处分为契机，帮助学生华丽转身

张　琳[1]

## 案例简介

小段，男，某学院大三学生。小段学习成绩中等，性格开朗，朋友众多，是一个阳光大男生。大二上学期，小段在某场考试中因违反考场纪律，被学校给予严重警告处分。处分文件下发后，小段同学无法接受，出现上课注意力无法集中、沉默寡言、不参加班级和院系活动等情况。大三开学后，小段同学的情况没有改善，沉默寡言，毫无生气。小段的家长反映，小段在两个月的假期中一直闷在家里不出门。辅导员请班委、舍友主动与他聊天、拉他参与集体活动等，效果甚微。

## 案例定性分析

这是一个学生因违纪受处分而产生心理负担，以致影响学习和生活的案例。

## 问题关键点

1. 如何帮助小段同学改变心理自闭状态？
2. 如何引导小段同学正视现状，正确认识自我？

## 解决思路和实施办法

1. 打开心结，正视违纪事实。辅导员找小段同学谈心，他感觉所受处分着实冤枉，辅导员拿出学生手册的相应条款给他看，而且向他说明巡视老师是严格遵守考试规则，按原则办事，学校下发的处分是适当的，并没有过重惩罚，强调处分并不影响毕业拿学位。

2. 心理疏导，走出心理误区。小段同学在受到处分之前性格开朗、担任学生会干部，考试违纪事件发生后便辞去了学生会的职务，对各项活动漠不关心。针对此种情况，辅导员经常找他聊天，列举名人也曾犯过错误的事例，让他认识到犯错并不可怕，改正就好。渐渐地，小段同学在辅导员面前打开心扉，开始接受现实，勇敢面对。

3. 同学关爱，走出处分阴霾。针对小段同学的具体情况，辅导员发动学生干部、寝室同学对他进行帮助。同寝室同学在生活上对他给予关爱，班干部重点动员他参加各类活动。辅导员还安排联络员，如发现他有异常，及时汇报。

4. 平等对待，适时加以鼓励。通过一段时间的心理疏导，小段展现出积极向上的状态。在当年的期末考试中，小段同学的成绩跨入班级前十名，并顺利通过英语六级考试。虽然因

① 张琳，女，南京工业大学土木工程学院辅导员。

处分不能参加评优评先，但辅导员对他的成绩及时加以肯定，并在全班通报表扬，适时对他鼓励和称赞，有效地增强了他的自信心。

5. 树立自信，准确自我定位。通过不断的心理辅导，小段同学逐渐恢复到之前的状态，学习刻苦努力，工作认真负责，热心助人。对于他的种种表现，辅导员总是在第一时间给予肯定和表扬，并帮助他制定了短期和长期的目标，他在大三下学期便开始做了考研准备。

## 经验与启示

1. 应加强考前校纪校规教育，引导学生正确对待考试。

2. 对于因考试违纪受处分的学生，要进行必要的心理疏导，适时鼓励，帮助他们增强自信心。

3. 建立受处分学生系统的教育体系。

## 专家点评

受处分学生的情绪管理是高校学生管理工作当中的一项重要工作，如何安抚、持续关注受处分学生的情绪是我们需要思考的一个重要问题。如果处分不当或者对受处分学生持续关注度不够，很有可能使一个乐观积极的学生变成一个消极自卑甚至极端的孩子。本案例中，辅导员针对学生因受处分导致情绪低落、对学习和生活产生抗拒等情况，及时进行心理疏导，让学生认识到自己的错误，对症下药，帮助学生制定科学的人生规划，不失为一个优秀的案例。

——熊中宏（南京工业大学法政学院党委书记）

# 循循善诱,助留守学生走出误区

吴　超[1]

## 案例简介

小温,男,某学院大一新生。小温家在农村,自幼为留守儿童,直至高三。进入大学后,小温很少和周围同学交流。某日小温午夜未归,没有请假也没有和舍友打招呼,手机停机,处于失联状态。辅导员无法联系到小温,立刻向学院报备,并带领班委和其舍友寻找,最终在一个网吧找到小温。之后,小温频繁逃课、旷考,导致学业警示。辅导员多次和小温谈心沟通,收效甚微,小温依然我行我素。

## 案例定性分析

此案例反映的是对幼年有留守经历的学生进入大学以后的教育管理问题。

## 问题关键点

1. 如何帮助小温打开心扉,树立自信?

2. 如何帮助小温远离颓废,激发其求知欲,使其重拾学业?

3. 如何引导小温正确地认识大学生活的意义,做好职业生涯规划,为将来的职场发展打下坚实的基础?

## 解决思路和实施办法

1. 家校联合,寻求问题根源,破冰治本。得知小温突然夜不归宿后,辅导员立即与其家长联系沟通,了解了小温的个性、习惯以及成长经历,并分析得知,小温的问题主要是在心理方面。由于从小父母不在身边,小温觉得全世界都不关爱自己,遇到事情不爱和别人交流,在网吧夜不归宿是为了逃避现实而非沉迷游戏。了解了问题的根源之后,家校联合,努力打开小温的心扉,用爱心、耐心给予小温关怀和体贴。

2. 扬长避短,因材施教,激励引导。辅导员从小温本人及其同学、朋友、家长处多方面了解情况,努力寻找小温的闪光点。辅导员得知小温在中学时物理成绩优秀,于是让他负责物理老师和班级之间的联系,小温勉强接受。同时联系任课老师,请任课老师在课堂上为小温创造更多的回答问题、展示专业知识的机会,增加他的成就感,让小温在学习中找到自信、在自信中产生动力,从而端正学习态度、主动学习。

3. 循循善诱,制定规划,循序渐进。辅导员采取循序渐进的方式帮助小温从达成一个

---

[1] 吴超,女,南京工业大学计算机科学与技术学院辅导员。

个小目标开始，尝试成功，积累自信。辅导员联系本科生导师，通过共同帮助小温制定职业生涯规划书，推荐他参加学校的职业生涯规划大赛，请专业老师为他答疑解惑等，使他充分认识自己的专业前景，一步一个脚印地成长、成才。

## 经验与启示

1. 当学生出现问题时，不能仅仅停留在表象，应多渠道全面了解问题的源头，从而对症下药制定方案，进行思想引导；也不能一味责怪、停留在说教层面，否则，容易使学生心理再次受挫，造成二次伤害。

2. 每个孩子都是天使，关键在于我们怎样培养教育他们。正确的教育方式是发现孩子的长处，鼓励孩子一定行。辅导员通过发现学生的闪光点，给予恰当的赏识和激励，肯定学生，积极引导学生实现自我肯定。

## 专家点评

培养学生健康的心理品质，是辅导员工作不可忽视的重要方面。辅导员的有效工作，能使学生不断地正确认识自我，形成健康的人格和良好的个性心理品质。一个学生的转变，是需要多方面配合的。不仅仅是老师辅导，还应该争取到家长、同学的帮助，最主要的是孩子自身的努力。本案例中，辅导员注重细节，通过找准学生特点，分析学生的性格、心理、思想等，成功地让学生敞开心扉，树立正确的人生观，体现出了辅导员的高尚情操和高度责任感。

——熊中宏（南京工业大学法政学院党委书记）

# 大爱，让学生从心理创伤中复原

黄　乐[1]

## 案例简介

小顾，男，某学院大二学生。小顾是一个性格开朗、学习成绩优良的学生。作为班级生活委员，小顾工作尽职尽责，认真完成老师交付的每一项任务，深得老师和同学的好评。大二开学不久，小顾的妈妈因病去世，小顾深受打击，完全变成了另一个人，对生活和学习都失去了信心，很少去上课，性格越来越孤僻，总在宿舍自言自语说些古怪的话，上课公然和老师作对，同学们都不敢靠近他。最近回家后，小顾没有按时返校，电话也联系不上。

## 案例定性分析

本案例反映的是对突然遭遇家庭变故，产生心理创伤的学生的帮扶问题。

## 问题关键点

1. 如何帮助小顾敞开心扉，打开心结？
2. 如何帮助小顾重新找回生活和学习的信心，坚强地走下去？

## 解决思路和实施办法

1. 快速反应，第一时间找到小顾。辅导员打电话联系不上小顾后，第一时间翻查学生卡，根据学生卡上顾某其他亲戚的号码逐个打过去，终于联系上小顾的姨夫，跟他说明情况后，请他帮忙去一趟小顾家里找到小顾。

2. 耐心倾听，打开心扉。小顾两天后来到辅导员办公室，一开始小顾有些抗拒，刚坐下就想走，辅导员给他倒了一杯温水，并告诉他只是随便聊聊，他慢慢他放下防备，和辅导员聊起他近期的生活和学习。他说，他爸爸在新加坡打工，他妈妈离开的时候没能再看妈妈一眼，好想让妈妈多疼爱他一次。他妈妈走后，他要和外婆相依为命，外婆年纪大了，什么事都要他自己去面对，觉得太累，没有未来。说着说着他就哭了起来。

3. 悉心关怀，解开心结。辅导员安抚好小顾的情绪，用真诚的话语和爱心给予小顾关怀，引导小顾调适心态、建立自信、重塑自我，形成健康、积极上进的人生观。

4. 及时追踪，将关怀进行到底。之后的一个月，辅导员每隔一周就会询问小顾的情况。辅导员再三嘱咐班长和几个主要学生干部以及顾某宿舍的同学，平时多带顾某一起参加校内外活动，发现异常立即汇报。同时，让心理委员帮他预约校心理健康指导中心的老师进行

---

① 黄乐，女，南京工业大学机械与动力工程学院辅导员。

专业治疗。经过多方努力，小顾的情况逐渐好转，学习和生活重新起航。

## 经验与启示

1. 爱学生，责任要担当。做学生工作，最重要的就是要有一颗爱学生的心，要以开放、平等的心态对待学生，细心关注学生的生活，耐心聆听学生的心声，并及时给予正确的引导。

2. 爱学生，工作要内行。对于遭遇家庭变故、对生活失去信心的学生，应该在第一时间进行危机干预。辅导员应当具备一定的谈话和心理辅导技巧，能给学生进行个性化的心理疏导，必要时可寻求心理健康中心的帮助。应建立一套完备的危机预警机制，培养和利用好班干部和心理委员，可以以每年的心理健康月为契机，开展行之有效的心理健康宣传和体验活动，促进每一位学生健康成长。

3. 爱学生，成长要导航。如今的学生，有着新的时代特性，我们应多渠道、多阵地地开展思想政治教育工作，灵活运用激励手段使受挫学生摆脱困扰，从逆境中崛起。工作中要敏于发现、勇于实践，体现时代性、把握规律性、富于创造性、增强实效性。

## 专家点评

突发事件应立足于预防，争取早发现、早报告、早控制、早解决，从法规上、制度上、组织上、物质上、精神上全面加强保障。应加强基础工作，完善学校、学院、学生班级、学生宿舍、学生个人五级安全网络建设，增强预警分析，做好预案演练，提高防范意识，防患于未然。

——孙宇（南京工业大学机械与动力工程学院党委副书记）

